SE DEUS FOSSE UM ATIVISTA DOS DIREITOS HUMANOS

EDITORA AFILIADA

Dados Internacionais de Catalogação na Publicação (CIP)
(Câmara Brasileira do Livro, SP, Brasil)

Santos, Boaventura de Sousa
    Se Deus fosse um ativista dos direitos humanos / Boaventura de Sousa
Santos. – 2. ed. – São Paulo : Cortez, 2014.

    ISBN 978-85-249-2177-3

    1. Direitos humanos 2. Religião 3. Religião e cultura 4. Religião e socio-
logia 5. Serviço social 6. Teologia política I. Título.

14-01003

CDD-306.6

Índices para catálogo sistemático:

1. Religião e sociedade : Sociologia   306.6
2. Sociedade e religião : Sociologia   306.6

BOAVENTURA DE SOUSA SANTOS

SE DEUS FOSSE UM ATIVISTA DOS DIREITOS HUMANOS

2ª edição
3ª reimpressão

SE DEUS FOSSE UM ATIVISTA DOS DIREITOS HUMANOS
Boaventura de Sousa Santos

Capa: de Sign Arte Visual
Preparação de originais: Solange Martins
Revisão: Alexandra Resende
Composição: Linea Editora Ltda.
Coordenação editorial: Danilo A. Q. Morales

Nenhuma parte desta obra pode ser reproduzida ou duplicada sem autorização expressa do autor e do editor

© 2013 by Autor

Direitos para esta edição
CORTEZ EDITORA
Rua Monte Alegre, 1074 – Perdizes
05014-001 – São Paulo – SP
Tel. (11) 3864-0111   Fax: (11) 3864-4290
E-mail: cortez@cortezeditora.com.br
www.cortezeditora.com.br

Impresso no Brasil – setembro de 2021

SUMÁRIO

Prefácio 9

Introdução – Direitos humanos: uma hegemonia frágil 15

CAPÍTULO 1

A globalização das teologias políticas 31

O hegemônico, o contra-hegemônico e o não hegemônico 31

A resolução ocidental da questão religiosa 36
    Uma tipologia das teologias políticas 38
    Teologias pluralistas e fundamentalistas 40
    Teologias tradicionalistas e progressistas 47

CAPÍTULO 2

O caso do fundamentalismo islâmico 55

CAPÍTULO 3

O caso do fundamentalismo cristão...................................... 69

CAPÍTULO 4

Os direitos humanos na zona de contato das teologias políticas.. 81

A turbulência entre princípios rivais 82

A turbulência entre raízes e opções 87

    As afinidades surpreendentes entre a globalização
        neoliberal e as teologias fundamentalistas 91

    A turbulência entre o sagrado e o profano, o religioso
        e o secular, o transcendente e o imanente 98

São possíveis outros direitos humanos? 103

CAPÍTULO 5

Para uma concepção pós-secularista dos direitos humanos:
direitos humanos contra-hegemônicos e teologias progressistas ... 111

O sujeito humano simultaneamente enquanto indivíduo
    concreto e ser coletivo... 113

Múltiplas dimensões do sofrimento humano injusto 115

Sofrimento na carne... 124

Uma vontade radical insurgente e um horizonte
    pós-capitalista.. 127

O impulso para a interculturalidade nas lutas pela
   dignidade humana 129

As narrativas de sofrimento e libertação........................... 133

A presença do mundo antes ou para além da
   interpretação.. 136

A espiritualidade das/nas lutas materiais pela
   transformação social.. 139

Conclusão... 145

Bibliografia 149

PREFÁCIO

Vivemos um tempo dominado pelo poder da ideia de autonomia individual, uma autonomia a ser exercida num mercado planetário constituído por uma miríade de mercados locais, nacionais e globais nos quais potencialmente todas as dimensões da vida individual e social são negociadas de acordo com o seu preço de mercado. Nos termos deste ideal, a sociedade é composta por indivíduos supostamente autoconstituídos cujas possibilidades de sucesso depedem quase exclusivamente de si mesmos, para o melhor e para o pior. As possibilidades de sucesso são determinadas por opções de vida que devem ser exercidas pela via das opções infinitas de saída (para usar o conceito bem conhecido de Albert Hirschman) no *interior* do mercado planetário. A única opção indisponível é a saída *do* mercado planetário.

Esta ideia constitui-se como ideologia no sentido em que subscreve, manifesta e reforça as relações de poder dominantes na nossa sociedade. Opera como uma espécie de normatividade apolítica. Normatividade porque, sendo todos os indivíduos chamados, se não mesmo forçados, a ser autônomos, a sociedade pode legitimamente abandoná-los se os seus fracassos forem considerados como resultado de inépcia no exercício desta autonomia. Apolítica, pelo fato de o imenso poder desta ideia consistir na promoção de um conceito de poder tão imensamente fragmentado, como disseminado numa rede virtualmente infinita de interações entre indivíduos competindo por recursos escassos e recompensas no mercado. A autonomia individual deve assim ser entendida como um compromisso pessoal do indivíduo com um mundo pré-formatado e imutável. O ser associal ou mesmo antissocial que emerge desta ideologia é o *homo sociologicus* do capitalismo global econômico-financeiro monopolita do neoliberalismo, como é comumente designado, uma versão muito mais ampliada do *homo economicus* da economia clássica e neoclássica. Disseminada por pregadores e proselitistas que acreditam ter a missão de anunciar um novo modelo de ser humano e de vida em sociedade, esta ideologia tende a prevalecer em todos os cantos do globo, embora o impacto da sua penetração varie amplamente de região para região. Trata-se de uma forma ideológica de um pós-Estado, pós-social, com um poder estrutural extremamente concentrado por meio do qual os cerca de 1% da elite global governam os 99% da população empobrecida do mundo. Como ideologia, a sua força reside no seu valor performativo, e não no seu conteúdo real. De fato, a promessa/imposição de autonomia é duplamente traiçoeira. Primeiro, porque ninguém na sociedade depende apenas dele ou dela própria a não ser para tarefas elementares (e mesmo neste caso é duvidoso que assim seja). Segundo, porque não existe autonomia sem condições de autonomia. Ora, estas condições estão desigualmente distribuídas pela sociedade; e mais ainda, numa era de políticas e economias neoliberais, os indivíduos mais pressionados para serem autônomos são precisamente os que se encontram em piores condições para o serem.

Os produtos resultantes das políticas fundadas nesta ideologia são perturbadores. Vivemos num tempo em que as mais chocantes injustiças sociais parecem incapazes de gerar a indignação moral e a vontade política necessárias para as combater eficazmente e criar uma sociedade mais justa e mais digna. Em tais circunstâncias, parece evidente que não podemos permitir o desperdício de nenhuma experiência social de indignação genuinamente orientada para fortalecer a organização e a determinação de todos os que ainda não desistiram de lutar por uma sociedade mais justa.

A ideologia da autonomia e do individualismo possessivos é hoje contrariada (até que ponto, é debatível) por duas políticas normativas principais que, embora com uma presença desigual em diferentes partes do globo, procuram operar globalmente. São elas os *direitos humanos* e as *teologias políticas*. Independentemente de quão remotos sejam os seus antecedentes, os direitos humanos, como gramática decisiva da dignidade humana, só entraram nas agendas nacionais e internacionais a partir das décadas de 1970 e 1980. Quase simultaneamente emergiram também na cena internacional as teologias políticas, entendendo como tal as concepções da religião que partem da separação entre a esfera pública e a privada para reclamar a presença (maior ou menor) da religião na esfera pública. Segundo elas, a dignidade humana consiste em cumprir a vontade de Deus, um mandato que não pode se circunscrever à esfera privada.

Estas políticas normativas parecem nada ter em comum. Os direitos humanos são individualistas, seculares, culturalmente ocidente-cêntricos, e Estado-cêntricos, quer quando visam controlar o Estado, quer quando pretendem tirar proveito dele. As teologias políticas, pelo contrário, são comunitárias, antisseculares, tanto podem ser culturalmente ocidentais como ferozmente antiocidentais, e tendem a ser hostis ao Estado. Como procuro demonstrar neste livro, estas caracterizações gerais não fazem justiça à diversidade interna, quer dos direitos humanos, quer das teologias políticas. Na base desta complexidade que emerge da diversidade, proponho-me realizar um exercício de tradução intercultural entre estas duas políticas normativas, procurando zonas de contato para tradução entre elas donde possam emergir energias novas ou renovadas para a transformação social radical e progressista.

Começo por identificar a fragilidade dos direitos humanos enquanto gramática de dignidade humana e os desafios que a emergência das teologias políticas lhes coloca no início do século XXI. Seleciono então, de entre uma ampla paisagem de análises teológicas, os tipos de reflexão e as práticas que podem contribuir para expandir e aprofundar o cânone das políticas de direitos humanos. Com este propósito em mente, faço distinções de que resultam consequências significativas: por um lado, distinções entre os diferentes tipos de teologias políticas (por exemplo, pluralista *versus* fundamentalista, tradicionalista *versus* progressista) e por outro, entre os dois discursos e práticas contrastantes das políticas de direitos humanos (por exemplo, hegemônico *versus* contra-hegemônico). Termino este livro advogando que as teologias pluralistas e progressistas podem ser uma fonte de energia radical para as lutas contra-hegemônicas dos direitos humanos.

Esta trajetória analítica e política não resulta de uma investigação destinada a produzir apenas mais uma teoria de vanguarda. Como participante ativo do Fórum Social Mundial desde 2001 (Santos, 2005; 2006a), fui observando o modo como os ativistas da luta por justiça socioeconômica, histórica, sexual, racial, cultural e pós-colonial baseiam frequentemente o seu ativismo e as suas reivindicações em crenças religiosas ou espiritualidades cristãs, islâmicas, judaicas, hindus, budistas e indígenas. De certo modo, estas posições dão testemunho de subjetividades políticas que parecem ter abandonado o pensamento crítico ocidental e a ação política secular que dele decorre. Tais subjetividades combinam efervescência criativa e energia apaixonada e intensa com referências transcendentes ou espirituais que, longe de as afastarem das lutas materiais e bem terrenas por um outro mundo possível, mais profundamente as comprometem com estas. O meu propósito ao escrever este livro é dar conta destas subjetividades e destas lutas para as fortalecer e, afinal, também para dar sentido às minhas vivências com umas e outras.

Uma versão preliminar e muito mais curta deste ensaio foi publicada na revista *on-line Law, Social Justice and Global Development.*[1] Agradeço aos seus editores, e em especial a Abdul Paliwala, por todo o apoio que recebi de sua parte na preparação do manuscrito. Desde então, ampliei consideravelmente o meu argumento até chegar ao livro que aqui apresento. Nesta tarefa contei com o apoio de um grupo de excelentes e dedicados colegas. Como sempre, a Maria Irene Ramalho leu e comentou as diferentes versões deste ensaio. Sem o encorajamento, entusiasmo e apoio na investigação de Teresa Toldy este livro jamais seria publicado. Com ela aprendi quase tudo o que sei sobre teologias feministas. Sendo, ela própria, uma reconhecida teóloga feminista extremamente ocupada, encontrou disponibilidade nos fundos da sua imensa generosidade para dedicar muito do seu precioso tempo a um livro em cuja mensagem por vezes acreditou mais do que eu mesmo. André Barroso, estudante de pós-doutoramento no Centro de Estudos Sociais da Universidade de Coimbra, contribuiu decisivamente com as suas

---

1. Santos, Boaventura de Sousa (2009a). "If God were a Human Rights Activist: Human Rights and the Challenge of Political Theologies", *Law, Social Justice and Global Development*, 1. Festschrift for Upendra Baxi.

sugestões bibliográficas altamente especializadas, em particular no que toca ao aprofundamento analítico dos fundamentalismos. Margarida Gomes, minha assistente de investigação há já alguns anos, preparou a versão final para publicação com o seu habitual cuidado e profissionalismo. A todos o meu agradecimento mais sincero. Todos eles fizeram o possível por eliminar as fraquezas do meu argumento neste livro. Se elas permanecem, a mim se devem e a eles devo desculpas por elas.

Este livro foi desenvolvido no âmbito do projeto de investigação "ALICE, espelhos estranhos, lições imprevistas", coordenado por mim (alice.ces.uc.pt) no Centro de Estudos Sociais da Universidade de Coimbra – Portugal. O projeto recebe fundos do Conselho Europeu de Investigação, 7º Programa Quadro da União Europeia (FP/2007-2013) / ERC Grant Agreement n. 269807.

INTRODUÇÃO

Direitos humanos: uma hegemonia frágil

A hegemonia dos direitos humanos como linguagem de dignidade humana é hoje incontestável.[2] No entanto, esta hegemonia convive com uma realidade perturbadora. A grande maioria da população mundial não é sujeito de direitos humanos. É objeto de discursos de direitos humanos. Deve, pois, começar por perguntar-se se os direitos humanos servem eficazmente à luta dos excluídos, dos explorados e dos discriminados ou se, pelo contrário, a tornam mais difícil. Por outras palavras, será a hegemonia de que goza hoje o discurso dos direitos humanos o resultado de uma vitória histórica ou, pelo contrário, de uma derrota histórica? Qualquer que seja a resposta dada a estas perguntas, a verdade é que, sendo os direitos humanos a linguagem hegemônica da dignidade humana, eles são incontornáveis, e os

---

2. Referindo-se à difusão global do discurso dos direitos humanos como gramática de transformação social no período pós-guerra fria, Goodale afirma que "a geografia discursiva da transformação social sofreu uma mudança sísmica" (2013, p. 7).

grupos sociais oprimidos não podem deixar de perguntar se os direitos humanos, mesmo sendo parte da mesma hegemonia que consolida e legitima a sua opressão, não poderão ser usados para a subverter? Ou seja, poderão os direitos humanos ser usados de modo contra-hegemônico? Em caso afirmativo, de que modo? Estas duas perguntas conduzem a duas outras. Por que há tanto sofrimento humano injusto que não é considerado uma violação dos direitos humanos? Que outras linguagens de dignidade humana existem no mundo? E, se existem, são ou não compatíveis com a linguagem dos direitos humanos?

A busca de uma concepção contra-hegemônica dos direitos humanos deve começar por uma hermenêutica de suspeita em relação aos direitos humanos tal como são convencionalmente entendidos e defendidos, isto é, em relação às concepções dos direitos humanos mais diretamente vinculadas à matriz liberal e ocidental destes.[3] A hermenêutica de suspeita que proponho deve muito a Ernest Bloch, quando este se interroga (1995 [1947]) sobre as razões pelas quais, a partir do século XVIII, o conceito de utopia como medida de uma política emancipadora foi sendo superado e substituído pelo conceito de direitos. Por que é que o conceito de utopia teve menos êxito que o conceito de direito e de direitos, como linguagem de emancipação social?[4]

Comecemos por reconhecer que os direitos e o direito têm uma genealogia dupla na modernidade ocidental. Por um lado,

---

3. A matriz liberal concebe os direitos humanos como direitos individuais e privilegia os direitos civis e políticos. Sobre esta matriz desenvolveram-se outras concepções de direitos humanos, nomeadamente as de inspiração marxista ou socialista, que reconhecem os direitos coletivos e privilegiam os direitos econômicos e sociais. Sobre as diferentes concepções de direitos humanos, ver Santos, 1995, p. 250-378, e Santos, 2006b, p. 433-70.

4. Moyn (2010) considera os direitos humanos como sendo a última utopia, a grande missão política que emerge após o colapso de todas as outras. As suas análises históricas sobre os direitos humanos convergem em alguns aspectos com as que tenho vindo a defender há mais de duas décadas (Santos, 1995, p. 327-65). Ver também Goodale (2009a).

uma genealogia abissal. Concebo as versões dominantes da modernidade ocidental como construídas a partir de um pensamento abissal, um pensamento que dividiu abissalmente o mundo entre sociedades metropolitanas e coloniais (Santos, 2009b, p. 31-83). Dividiu-o de tal modo que as realidades e práticas existentes do lado de lá da linha, nas colônias, não podiam pôr em causa a universalidade das teorias e das práticas que vigoravam na metrópole, do lado de cá da linha. E, nesse sentido, eram invisíveis. Ora, enquanto discurso de emancipação, os direitos humanos foram historicamente concebidos para vigorar apenas do lado de cá da linha abissal, nas sociedades metropolitanas. Tenho vindo a defender que esta linha abissal, que produz exclusões radicais, longe de ter sido eliminada com o fim do colonialismo histórico, continua sob outras formas (neocolonialismo, racismo, xenofobia, permanente estado de exceção na relação com alegados terroristas, trabalhadores imigrantes indocumentados, candidatos a asilo ou mesmo cidadãos comuns vítimas de políticas de austeridade ditadas pelo capital financeiro). O direito internacional e as doutrinas convencionais dos direitos humanos têm sido usados como garantes dessa continuidade.

Mas, por outro lado, o direito e os direitos têm uma genealogia revolucionária do lado de cá da linha. A revolução americana e a revolução francesa foram ambas feitas em nome da lei e do direito. Ernest Bloch entende que a superioridade do conceito de direito tem muito a ver com o individualismo burguês, com a sociedade burguesa que estava a surgir nesse momento, e que, tendo ganhado já hegemonia econômica, lutava pela hegemonia política que se consolidou com as revoluções francesa e americana. O conceito de lei e de direito adequava-se bem a este individualismo burguês emergente, que tanto a teoria liberal como o capitalismo tinham por referência. É, pois, fácil ser-se levado a pensar que a hegemonia de que hoje gozam os direitos humanos tem raízes muito profundas, e que o caminho entre então e hoje foi um caminho linear de consagração dos direitos humanos como princípios reguladores de uma sociedade justa. Esta ideia de um consenso há muito anunciado manifesta-se de várias formas, e cada uma delas assenta numa ilusão. Porque largamente partilhadas, estas ilusões constituem o senso comum dos direitos humanos convencionais. Distingo quatro ilusões: a teleologia, o triunfalismo, a descontextualização e o monolitismo.[5]

A ilusão teleológica consiste em ler a história da frente para trás. Partir do consenso que existe hoje sobre os direitos humanos e sobre o bem incondicional que isso significa e ler a história passada como um caminhar linearmente orientado para conduzir a este resultado. A escolha dos percursores é crucial a este respeito. Nas palavras de Moyn: "estes são passados utilizáveis: a construção pós-fato dos percursores" (2010, p. 12). Esta ilusão impede-nos de ver que o presente, tal como o passado, é contingente, que, em cada momento histórico, diferentes ideias estiveram em competição e que a vitória de uma delas, no caso, os direitos humanos, é um resultado contingente que pode ser explicado *a posteriori*, mas que não poderia ser deterministicamente previsto. A vitória histórica dos direitos humanos traduziu-se muitas vezes num ato de violenta reconfiguração histórica: as mesmas ações que, vistas da perspectiva de outras concepções de dignidade humana, eram ações de opressão ou dominação, foram reconfiguradas como ações emancipatórias e libertadoras, se levadas a cabo em nome dos direitos humanos.

---

5. Uma primeira formulação destas ilusões pode ver-se em Santos, 1995, p. 264-327. Estas ilusões constituem um "regime de verdade", sendo legitimadas como uma teoria que não tem de submeter-se à negação pelas práticas de direitos humanos que ocorrem em seu nome. Este é também o argumento central de Goodale (2009a), que argumenta de modo convincente a importância da abordagem antropológica para os direitos humanos.

A segunda ilusão é o triunfalismo, a ideia de que a vitória dos direitos humanos é um bem humano incondicional. Assume que todas as outras gramáticas de dignidade humana que competiram com a dos direitos humanos eram inerentemente inferiores em termos éticos ou políticos. Esta noção darwiniana não toma em conta um aspeto decisivo da modernidade ocidental hegemônica, de fato, o seu verdadeiro gênio histórico: o ter sempre sabido complementar a força das ideias que servem os seus interesses com a força bruta das armas que, estando supostamente ao serviço das ideias, é, na prática, servida por elas. É, pois, necessário avaliar criticamente as razões da superioridade ética e política dos direitos humanos. Os ideais de libertação nacional – socialismo, comunismo, revolução e nacionalismo – constituíram gramáticas alternativas de dignidade humana e, em determinados tempos e espaços, foram mesmo dominantes. Basta pensar que os movimentos de libertação nacional contra o colonialismo do século XX, tal como os movimentos socialista e comunista, não invocaram a gramática dos direitos humanos para justificar as suas causas e as suas lutas.[6] O fato de as outras gramáticas e linguagens de emancipação social terem sido derrotadas pelos direitos humanos só poderá ser considerado inerentemente positivo se se mostrar que os direitos humanos têm um mérito, enquanto linguagem de emancipação humana, que não se deduz apenas do fato de terem saído vencedores. Até que tal seja mostrado, o triunfo dos direitos humanos pode ser considerado, para uns, um progresso, uma vitória histórica, e, para outros, um retrocesso, uma derrota histórica.

---

6. Este ponto é também mencionado por Moyn (2010, p. 89-90), que acrescenta que nem Gandhi, Sukarno ou Nasser viram a doutrina dos direitos humanos como um instrumento de fortalecimento das lutas.

Esta precaução ajuda-nos a enfrentar a terceira ilusão, a descontextualização. É geralmente reconhecido que os direitos humanos, como linguagem emancipatória, provêm do Iluminismo do século XVIII, da revolução francesa e da revolução americana.[7] O que normalmente não é referido é que, desde então até os nossos dias, os direitos humanos foram usados, como discurso e como arma política, em contextos muito distintos e com objetivos contraditórios. No século XVIII, por exemplo, os direitos humanos eram parte integrante dos processos revolucionários em curso e foram uma das suas linguagens. Mas também foram usados para legitimar práticas que consideramos opressivas se não mesmo contrarrevolucionárias. Quando Napoleão chegou ao Egito, em 1798, explicou assim as suas ações aos egípcios: "Povo do Egito. Os nossos inimigos vão dizer-vos que eu vim para destruir a vossa religião. Não acrediteis neles. Dizei-lhes que eu vim restaurar os vossos direitos, punir os usurpadores, e erguer a verdadeira devoção de Maomé."[8] E foi assim que a invasão do Egito foi legitimada pelos invasores. O mesmo se poderia dizer de Robespierre, que fomentou o terror em nome do fervor beato e dos direitos humanos durante a revolução francesa.[9] Depois das revoluções de 1848, os direitos humanos deixaram de ser parte do imaginário revolucionário para passarem a ser hostis a

---

7. Isto sem contar com os antecedentes da Renascença ou mesmo do medievalismo tardio.

8. "Proclamação de Napoleão aos Egípcios, 2 Julho 1798", *apud* Hurewitz (Org.), 1975, p. 116. Vista da perspectiva do "outro lado da linha", do lado dos povos invadidos, a proclamação de Napoleão não enganou ninguém sobre os seus propósitos imperialistas. Eis como o cronista egipcio Al-Jabarti, uma testemunha da invasão, disseca a Proclamação ponto por ponto: "Ele [Napoleão] prossegue então com algo ainda pior e diz (que Deus lhe traga a perdição!) 'Eu sirvo mais a Deus que os Mamelucos...' Não tenho dúvidas que se trata de uma mente transtornada e de um excesso de loucura...[Al-Jabarti mostra em detalhe os erros gramaticais da Proclamação, escrita, segundo ele, em árabe corânico de baixa qualidade e conclui: "Contudo é possível que não haja nenhuma inversão e que o verdadeiro significado da frase seja 'Eu tenho mais tropas e mais dinheiro que os Mamelucos...' Assim, a sua frase 'Eu sirvo a Deus' é apenas mais uma frase e mais uma mentira" (1993, p. 31).

9. Para uma análise aprofundada sobre esta questão, veja-se Arendt, 1968 e 1971.

qualquer ideia de transformação revolucionária da sociedade. Mas a mesma hipocrisia (dir-se-ia constitutiva) de invocar os direitos humanos para legitimar práticas que podem considerar-se violação dos direitos humanos continuou ao longo do último século e meio e é hoje talvez mais evidente do que nunca. Quando, a partir de meados do século XIX, o discurso dos direitos humanos se separou da tradição revolucionária, passou a ser concebido como uma gramática despolitizada de transformação social, uma espécie de antipolítica. Os direitos humanos foram subsumidos no direito do Estado, e o Estado assumiu o monopólio da produção do direito e de administração da justiça. Assim se explica que a revolução russa, ao contrário das revoluções francesa e americana, tenha sido levada a cabo, não em nome do direito, mas contra o direito (Santos, 1995, p. 104-7). Gradualmente, o discurso dominante dos direitos humanos passou a ser o da dignidade humana consonante com as políticas liberais, com o desenvolvimento capitalista e suas diferentes metamorfoses (liberal, socialdemocrático, dependente, fordista, pós-fordista, fordista periférico, corporativo, estatal, neoliberal etc.) e com o colonialismo igualmente metamorfoseado (neocolonialismo, colonialismo interno, racismo, trabalho análogo ao trabalho escravo, xenofobia, islamofobia, políticas migratórias repressivas etc.). Temos, pois, de ter em mente que o mesmo discurso de direitos humanos significou coisas muito diferentes em diferentes contextos históricos e tanto legitimou práticas revolucionárias como práticas contrarrevolucionárias. Hoje, nem podemos saber com certeza se os direitos humanos do presente são uma herança das revoluções modernas ou das ruínas dessas revoluções. Se têm por detrás de si uma energia revolucionária de emancipação ou uma energia contrarrevolucionária.

A quarta ilusão é o monolitismo. Debruço-me nesta ilusão com maior detalhe, tendo em vista o tema principal deste livro.

Consiste em negar ou minimizar as tensões e até mesmo as contradições internas das teorias dos direitos humanos. Basta recordar que a declaração da revolução francesa dos direitos do homem é ambivalente ao falar de direitos do *homem* e do *cidadão*. Estas duas palavras não estão lá por acaso. Desde o início, os direitos humanos cultivam a ambiguidade de criar pertença em duas grandes coletividades. Uma é a coletividade supostamente mais inclusiva, a humanidade, daí os direitos humanos. A outra é uma coletividade muito mais restrita, a coletividade dos cidadãos de um determinado Estado. Esta tensão tem desde então assombrado os direitos humanos. O objetivo de adotar declarações internacionais e de regimes e instituições internacionais de direitos humanos visava garantir mínimos de dignidade aos indivíduos, sempre e quando os direitos de pertença a uma coletividade política não existissem ou fossem violados. Ao longo dos últimos duzentos anos, os direitos humanos foram sendo incorporados nas constituições e nas práticas jurídico-políticas de muitos países e foram reconceitualizados como direitos de cidadania, diretamente garantidos pelo Estado e aplicados coercitivamente pelos tribunais: direitos cívicos, políticos, sociais, econômicos e culturais. Mas a verdade é que a efetividade da proteção ampla dos direitos de cidadania foi sempre precária na grande maioria dos países. E a evocação dos direitos humanos ocorreu sobretudo em situações de erosão ou violação particularmente grave dos direitos de cidadania.[10] Os direitos humanos surgem como o patamar mais baixo de inclusão, um movimento descendente da comunidade mais densa de cidadãos para a comunidade mais diluída da humanidade. Com o neoliberalismo e o seu ataque ao Estado como garante dos

---

10. É isso o que se passa hoje em muitos países da Europa atingidos pela crise financeira e econômica da zona euro.

direitos, em especial os direitos econômicos e sociais, a comunidade dos cidadãos dilui-se ao ponto de se tornar indistinguível da comunidade humana e dos direitos de cidadania, tão trivializados como direitos humanos. A prioridade concedida por Arendt (1951) aos direitos de cidadania sobre os direitos humanos, antes prenhe de significado, desliza para o vazio normativo.[11] Neste processo, os imigrantes, em especial os trabalhadores imigrantes indocumentados, descem ainda mais abaixo para a "comunidade" dos sub-humanos.

A outra tensão que ilustra a natureza ilusória do monolitismo é a tensão entre direitos individuais e coletivos. A Declaração Universal dos Direitos Humanos das Nações Unidas, a primeira grande declaração universal do último século, a que se seguiriam depois muitas outras, reconhece apenas dois sujeitos jurídicos: o indivíduo e o Estado. Os povos são reconhecidos apenas na medida em que se tornam Estados. Deve salientar-se que, quando a Declaração foi adotada, existiam muitos povos, nações e comunidades que não tinham Estado. Assim, do ponto de vista das epistemologias do Sul, a Declaração não pode deixar de ser considerada colonialista (Burke, 2010; Terretta, 2012).[12] Quando

---

11. Muito antes de Arendt, em 1843, Marx referiu esta ambiguidade entre direitos de cidadania e direitos humanos (1977).

12. O monolitismo da Declaração Universal é bem mais aparente que real, mesmo dentro dos limites do "mundo ocidental". Basta ter em conta as diferenças de interpretação, tornadas públicas desde o início, no livro da Unesco de 1948, sobre comentários e interpretações da Declaração (Unesco, 1948). Os comentários de Jacques Maritain, Harold Laski, Teilhard de Chardin, Benedetto Croce e Salvador Mandariaga à Declaração são particularmente elucidativos a este respeito. Se a Declaração tinha muito pouco a ver com as realidades do mundo não ocidental, mesmo no que respeita ao "mundo ocidental", as normas que estabelecia estavam longe de ser verdades incontroversas. O comentário amargo de Laski é revelador: "Se um documento deste tipo se destina a ter uma influência e significado duradouros, é da maior importância recordar que as grandes declarações do passado são uma herança muito especial da civilização ocidental, que estão profundamente imbuídas na tradição da burguesia protestante, que é em si um aspecto saliente da ascensão ao poder da classe média e que, embora a

falamos de igualdade perante a lei, devemos ter em mente que, quando a Declaração foi escrita, indivíduos de vastas regiões do mundo não eram iguais perante a lei por estarem sujeitos à dominação coletiva, e sob dominação coletiva os direitos individuais não oferecem nenhuma proteção. No tempo do individualismo burguês e em plena vigência da linha abissal, a Declaração tornava invisíveis as exclusões do outro lado da linha abissal. Eram tempos em que o sexismo e o racismo eram parte do senso comum; a orientação sexual era tabu; a dominação de classe, uma questão interna de cada país; e o colonialismo era ainda forte como agente histórico, apesar da independência da Índia. Com o passar do tempo, sexismo, racismo, colonialismo e outras formas mais cruas da dominação de classe vieram a ser reconhecidos como dando azo a violações dos direitos humanos. Em meados dos anos de 1960, as lutas anticoloniais tornaram-se parte da agenda das Nações Unidas. Contudo, tal como era entendida nesse tempo, a autodeterminação dizia apenas respeito aos povos sujeitos ao colonialismo europeu. Assim entendida, a autodeterminação deixou de fora muitos povos sujeitos à colonização não europeia e colonização interna, sendo os povos indígenas o exemplo mais dramático. Mais de trinta anos teriam ainda de passar antes que o direito dos povos indígenas à auto-

---

expressão dessas declarações seja universal na forma, as tentativas da sua concretização raramente tiveram qualquer impacto abaixo do nível da classe média. 'A igualdade perante a lei' não teve grande significado nas vidas da classe trabalhadora na maior parte das comunidades políticas, e menos ainda para os negros dos estados do Sul dos Estados Unidos. A 'liberdade de associação' foi conseguida pelos sindicatos na Grã-Bretanha apenas em 1871; em França, salvo um breve intervalo em 1848, apenas em 1884; na Alemanha, apenas nos últimos anos da era de Bismark, e ainda assim parcialmente, e, de um modo efetivo, nos Estados Unidos apenas com a Lei Nacional das Relações Laborais em 1935; lei esta que se encontra neste momento em risco no Congresso. Todos os direitos proclamados nos grandes documentos deste gênero são de fato afirmações de uma aspiração, cuja satisfação se encontra limitada pela perspectiva da classe dominante de qualquer comunidade política sobre as relações entre essas proclamações e os interesses que estão determinados em proteger" (1948, p. 65).

determinação fosse reconhecido nas Nações Unidas pela Declaração dos Direitos dos Povos Indígenas, adotada pela Assembleia Geral em 2007.[13] E, antes dela, foram necessárias prolongadas negociações para que a Organização Mundial do Trabalho aprovasse em 1989 a Convenção 169 sobre os povos indígenas e tribais. Gradualmente estes documentos tornaram-se parte da legislação dos diferentes países.

Sendo que os direitos coletivos não fazem parte do cânon original dos direitos humanos, a tensão entre direitos individuais e coletivos resulta da luta histórica dos grupos sociais que, sendo excluídos ou discriminados enquanto grupo, não podem ser adequadamente protegidos pelos direitos humanos individuais. As lutas das mulheres, dos povos indígenas, afrodescendentes, vítimas do racismo, gays, lésbicas e minorias religiosas marcam os últimos cinquenta anos de reconhecimento de direitos coletivos, um reconhecimento sempre amplamente contestado e em constante risco de reversão. Não existe necessariamente uma contradição entre direitos individuais e coletivos, mais que não seja pelo fato de existirem muitos tipos de direitos coletivos. Por exemplo, podemos distinguir dois tipos de direitos coletivos, os primários e os derivados. Falamos de direitos coletivos derivados quando, por exemplo, os trabalhadores se auto-organizam em sindicatos e conferem a estes o direito de representá-los nas negociações com os empregadores. Falamos de direitos coletivos primários quando uma comunidade de indivíduos tem direitos para além dos direitos da sua organização, ou renuncia aos seus direitos individuais a favor dos direitos da comunidade. Estes direitos podem ser exercidos sob duas formas. Na sua grande maioria são exercidos individualmente, como quando um policial

---

13. Disponível em: <http://www.un.org/esa/socdev/unpfii/documents/DRIPS_pt.pdf>. Acesso em: 18 mar. 2013.

shik usa o turbante, uma médica islâmica usa o hijab, ou quando um membro de uma casta inferior na Índia, um afrodescendente brasileiro ou indígena se beneficia das ações afirmativas disponíveis nas suas comunidades. Mas existem direitos que só podem ser exercidos coletivamente, como o direito à autodeterminação. Os direitos coletivos existem para eliminar ou minorar a insegurança e a injustiça suportadas pelos indivíduos que são discriminados como vítimas sistemáticas da opressão apenas por serem o que são, e não por fazerem o que fazem. Muito lentamente, os direitos coletivos têm-se tornado parte da agenda política, quer nacional, quer internacional. De qualquer maneira, a contradição ou tensão *vis-à-vis* às concepções mais individualistas de direitos humanos estão sempre presentes.[14]

Ter presentes estas ilusões é crucial para construir uma concepção e uma prática contra-hegemônica de direitos humanos, sobretudo quando elas devem assentar num diálogo com outras concepções de dignidade humana e outras práticas em sua defesa. Para tornar mais claro o que tenho em mente, passo a definir o que considero ser a versão hegemônica ou convencional dos direitos humanos. Considero um entendimento convencional dos direitos humanos como tendo as seguintes características:[15]

---

14. Outra dimensão da ilusão do monolitismo é a questão das premissas culturais ocidentais dos direitos humanos e a busca por uma concepção intercultural de direitos humanos. Neste livro, estas questões são abordadas apenas no que respeita ao relacionamento entre direitos humanos e teologia. Essa dimensão merece um tratamento mais detalhado em outros trabalhos: Santos, 2006b, p. 433-70. Ver também An-na'im, 1992; Eberhard, 2002; Merry, 2006; Goodale, 2009b.

15. No sentido que aqui lhe atribuo, convencional significa menos que hegemônico e mais do que dominante. Se considerarmos o mundo como sendo a "audiência relevante", o entendimento dos direitos humanos aqui apresentado está longe de ser consensual ou de senso comum; mas, por outro lado, não é dominante no sentido de resultar de uma esmagadora imposição coercitiva (embora por vezes seja este o caso). Para muitas pessoas em todo o mundo esta concepção ou está demasiado enraizada para ser possível lutar contra ela ou é demasiado distante para que valha a pena lutar por ela.

os direitos são universalmente válidos independentemente do contexto social, político e cultural em que operam e dos diferentes regimes de direitos humanos existentes em diferentes regiões do mundo; no nosso tempo, os direitos humanos são a única gramática e linguagem de oposição disponível para confrontar as "patologias do poder"; os violadores dos direitos humanos, por muito horrendos que sejam os crimes por eles perpetrados, devem ser punidos de acordo com os direitos humanos; questionar os direitos humanos em termos das suas supostas limitações culturais e políticas contribui para perpetuar os males que os direitos humanos visam combater; o fenômeno recorrente dos duplos critérios na avaliação da observância dos direitos humanos de modo algum compromete a validade universal dos direitos humanos; partem de uma ideia de dignidade humana que, por sua vez, assenta numa concepção de natureza humana como sendo individual, autossustentada e qualitativamente diferente da natureza não humana; a liberdade religiosa só pode ser assegurada na medida em que a esfera pública esteja livre de religião, a premissa do secularismo; o que conta como violação dos direitos humanos é definido pelas declarações universais, instituições multilaterais (tribunais e comissões) e organizações não governamentais (predominantemente baseadas no Norte Global) as violações dos direitos humanos podem ser medidas adequadamente de acordo com indicadores quantitativos; o respeito pelos direitos humanos é muito mais problemático no Sul Global do que no Norte Global.

Os limites desta concepção de direitos humanos resultam evidentes das respostas que apresentam a uma das questões mais importantes do nosso tempo. A perplexidade que ela suscita está na base do impulso para a construção de uma concepção contra-hegemônica e intercultural de direitos humanos proposta neste livro. A questão pode formular-se deste modo: se a humanidade é só uma, por que é que há tantos princípios diferentes sobre a dignidade humana e justiça social, todos pretensamente únicos, e, por vezes, contraditórios entre si? Na raiz desta interrogação está a constatação, hoje cada vez mais inequívoca, de que a compreensão do mundo excede em muito a compreensão ocidental do mundo e, portanto, a compreensão ocidental da universalidade dos direitos humanos.

A resposta convencional a esta questão é que tal diversidade só deve ser reconhecida na medida em que não contradiga os direitos humanos universais. Postulando a universalidade abstrata da concepção de dignidade humana subjacente aos direitos humanos, esta resposta banaliza a perplexidade inerente à questão. O fato de esta concepção ser baseada em pressupostos ocidentais é considerado irrelevante, já que o postulado da universalidade faz com que a historicidade dos direitos humanos não interfira com o seu estatuto ontológico.[16] Embora plenamente aceite pelo pensamento político hegemônico, especialmente no Norte Global, esta resposta reduz o mundo ao entendimento que o Ocidente tem dele, ignorando ou trivializando deste modo experiências culturais e políticas decisivas em países do Sul Global. Este é o caso dos movimentos de resistência contra a opressão, marginalização e exclusão que têm vindo a emergir nas últimas décadas e cujas bases ideológicas pouco ou nada têm a ver com as referências culturais e políticas ocidentais dominantes ao

---

16. Outro modo de abordar a questão ontológica consiste em advogar que os direitos humanos não são reivindicações morais nem reivindicações de verdade. São uma demanda política, e o seu apelo global não pressupõe qualquer fundamento moral subjacente universalmente aceite. Este ponto é vigorosamente defendido por Goodhart (2013, p. 36). A questão do porquê deste apelo global agora fica por responder.

longo do século XX. Estes movimentos não formulam as suas demandas em termos de direitos humanos, e, pelo contrário, frequentemente formulam-nas de acordo com princípios que contradizem os princípios dominantes dos direitos humanos. Estes movimentos encontram-se frequentemente enraizados em identidades históricas e culturais multisseculares, incluindo muitas vezes a militância religiosa. Sem pretender ser exaustivo, menciono apenas três destes movimentos, com significados políticos muito distintos: os movimentos indígenas, particularmente na América Latina; os movimentos de camponeses na África e na Ásia; e a insurgência islâmica. Apesar das enormes diferenças entre eles, estes movimentos comungam do fato de provirem de referências políticas não ocidentais e de se constituírem como resistência ao domínio ocidental.

Ao pensamento convencional dos direitos humanos faltam instrumentos teóricos e analíticos que lhe permitam posicionar-se com alguma credibilidade em relação a estes movimentos, e, pior ainda, não considera prioritário fazê-lo. Tende a aplicar genericamente a mesma receita abstrata dos direitos humanos, esperando, dessa forma, que a natureza das ideologias alternativas e universos simbólicos sejam reduzidos a especificidades locais sem nenhum impacto no cânone universal dos direitos humanos.

Neste livro centro-me nos desafios aos direitos humanos quando confrontados com os movimentos que reivindicam a presença da religião na esfera pública. Estes movimentos, crescentemente globalizados, e as teologias políticas que os sustentam constituem uma gramática de defesa da dignidade humana que rivaliza com a que subjaz aos direitos humanos e muitas vezes a contradiz. Como referi acima, as concepções e práticas convencionais ou hegemônicas dos direitos humanos não são capazes de enfrentar esses desafios nem sequer imaginam que seja necessário fazê-lo. Só uma concepção contra-hegemônica de direitos humanos pode estar à altura dos desafios, como procurarei demonstrar ao longo deste livro.

CAPÍTULO 1

A globalização das teologias políticas

O hegemônico, o contra-hegemônico e o não hegemônico

A reivindicação da religião como elemento constitutivo da vida pública é um fenômeno que tem vindo a ganhar relevância nas últimas décadas em todo o mundo. Trata-se de um fenômeno multifacetado, tanto no que respeita às denominações envolvidas como no tocante às orientações políticas e culturais. Mas a sua presença é marcante em todo o mundo e as redes que a alimentam são transnacionais, o que nos permite nomeá-la como fenômeno global. Tenho vindo a defender (Santos, 1995; 2001; 2006a) que a globalização não é um fenômeno monolítico e que as relações transnacionais são uma teia de duas globalizações opostas que por vezes seguem paralelas e por vezes se interceptam.[17] A globalização

---

17. Aqui fica a definição de globalização por mim proposta: a globalização é o processo pelo qual determinada condição ou entidade local estende a sua influência a todo o globo e, ao fazê-lo, desenvolve a capacidade de designar como local outra condição social ou entidade rival. As implicações mais

hegemônica é a nova fase do capitalismo global, constituída pela primazia do princípio do mercado, liberalização do comércio, privatização da economia, desregulação do capital financeiro, precariedade das relações de trabalho, degradação da proteção social, exploração irresponsável dos recursos naturais, especulação com produtos alimentares, mercantilização global da vida social e política Por um lado, a globalização hegemônica neoliberal, a nova fase do capitalismo global e das normas políticas, legais e culturais que a acompanham (primado do direito, liberalização da economia, privatização dos bens públicos, minimização do poder do Estado, democracia liberal, direitos humanos). Por outro lado, a globalização contra-hegemônica, ou globalização a partir de baixo, que engloba os movimentos sociais e organizações não governamentais (ONGs) que, por meio de articulações locais, nacionais e transnacionais, lutam contra o capitalismo e a opressão colonialista, a desigualdade social e a discriminação, a destruição ambiental e de modos de vida decorrente da voracidade da extração dos recursos naturais, a imposição das normas culturais ocidentais e a destruição das não ocidentais causada ou agravada pela globalização hegemônica. A globalização hegemônica tem ao seu serviço uma institucionalidade diversificada e muito poderosa, dos Estados centrais à União Europeia, do Banco Mundial ao Fundo Monetário Internacional, das grandes empresas multinacionais à Organi-

---

importantes desta definição são as seguintes. Primeiro, nas condições do sistema-mundo do capitalismo ocidental não existe globalização genuína. Aquilo a que chamamos globalização é sempre a globalização bem-sucedida de um determinado localismo. Por outras palavras, não existe uma condição global para a qual não se consiga encontrar uma raiz local, uma fonte específica de pertença cultural. A segunda implicação é a de que a globalização requer localização. De fato, vivemos num mundo de localização, tanto como vivemos num mundo de globalização. Deste modo, seria igualmente correto em termos analíticos se definíssemos a situação presente e os nossos tópicos de investigação em termos de localização, em lugar de globalização. A razão pela qual preferimos esta última é basicamente devida ao fato de o discurso científico tender a preferir a história do mundo contada pelos vencedores (Santos, 2001, p. 25-102).

zação Mundial do Comércio.[18] A globalização contra-hegemônica consiste em articulações transnacionais entre movimentos sociais e as ONGs, sejam elas o Fórum Social Mundial, a Assembleia Geral dos Movimentos Sociais, a Cúpula dos Povos, a Via Campesina, a Marcha Mundial das Mulheres, o Movimento Indígena Mundial, em conjunto com redes transnacionais de advocacia sobre temas específicos de resistência à globalização hegemônica.[19]

A distinção entre globalização hegemônica e contra-hegemônica é fácil de formular em termos gerais, mas difícil de estabelecer na prática. Como a concebo aqui, a hegemonia é um feixe de esquemas intelectuais e políticos que são vistos pela maioria das pessoas (mesmo por muitos dos que são negativamente afetados por ela) como fornecendo o entendimento natural ou único possível da vida social. Por outro lado, a contra-hegemonia resulta de um trabalho organizado de mobilização intelectual e política contra a corrente, destinado a desacreditar os esquemas hegemônicos e fornecer entendimentos alternativos credíveis da vida social.[20] O que é hegemônico na globalização não é neces-

---

18. A crise do capital financeiro global que irrompeu no verão de 2008 demonstrou as contradições estruturais do presente modelo da globalização neoliberal. O modo como a crise será "resolvida" vai permitir traçar o perfil de um novo modelo emergente. Ver para o caso português e a título de exemplo, Santos, 2011.

19. Ver Keck e Sikkink, 1998, e também Young e Everitt, 2004.

20. O conceito gramsciano de hegemonia refere-se à posição intelectual de uma determinada classe social que, embora determinada pelos seus interesses particulares, consegue ser consensualmente adotada por outras classes. Nos termos desta concepção, a globalização contra-hegemônica aponta necessariamente para uma sociedade pós-capitalista, uma sociedade em que as ideias das diferentes frações da classe capitalista deixaram de ser consensuais fora das fronteiras dessa classe. Na realidade, dentro dos movimentos que lutam contra a globalização neoliberal podemos identificar dois tipos de hegemonia. Um, mais próximo de Gramsci, vê a hegemonia neoliberal como uma hegemonia de classe a ser combatida pela luta de classe em nome de um futuro pós-capitalista. O outro vê a hegemonia neoliberal como uma ideologia de mercado hostil à redistribuição da riqueza e do rendimento sociais por entender que a desigualdade é uma consequência necessária da liberdade e da autonomia. A luta contra esta hegemonia pode envolver diferentes classes e os seus objetivos podem apontar para futuros pós-neoliberais mais do que para futuros pós-capitalistas.

sariamente global e o mesmo é verdade para o contra-hegemônico. O que é hegemônico ou contra-hegemônico só pode ser determinado contextualmente. Uma greve promovida por centrais sindicais ou um protesto dos movimentos de "decrescimento" no Norte Global podem ser vistos nesta região como contrários aos objetivos da globalização neoliberal e, portanto, como contra-hegemônicos. Contudo, as mesmas iniciativas quando vistas do Sul Global podem ser consideradas como variações dentro da liberalização neoliberal e, portanto, como hegemônicas. Estas assimetrias são parcialmente responsáveis pelas dificuldades na construção de alianças Norte-Sul entre grupos e movimentos que lutam pelos mesmos objetivos gerais de emancipação social e libertação. A globalização, seja ela hegemônica ou contra-hegemônica, implica não tanto transcender contextos locais ou nacionais, mas antes transformá-los, reorganizá-los e reconfigurá-los. Por outro lado, a diferença contextual varia de intensidade nos diferentes campos sociais. Por exemplo, as relações sociais capitalistas são de longe mais unívocas ou contextualmente indiferentes no nível econômico do que no nível político e cultural. Como o caso da China dos nossos dias bem demonstra, o capitalismo global pode coexistir com diferentes regimes políticos e culturais, podendo mesmo adquirir uma força adicional com a reprodução alargada desta diversidade.

Para os objetivos analíticos deste livro, considero ser hegemônica, no nosso tempo, uma rede multifacetada de relações econômicas, sociais, políticas, culturais e epistemológicas desiguais baseadas nas interações entre três estruturas principais de poder e dominação – capitalismo, colonialismo e patriarcado – que definem a sua legitimidade (ou dissimulam a sua ilegitimidade) em termos do entendimento liberal do primado do direito, democracia e direitos humanos, vistos como a personificação dos ideais de uma boa sociedade. Paralelamente, considero ser contra-hegemônica a mobilização social e política que se traduz em lutas, movimentos ou iniciativas, tendo por objetivo eliminar ou reduzir relações desiguais de poder e transformá-las em relações de autoridade partilhada, recorrendo, para isso, a discursos e práticas que são inteligíveis transnacionalmente mediante tradução intercultural e articulação de ações coletivas. No nosso tempo, tais ações, para serem eficazes, têm de desafiar o conhecimento que sobre elas é produzido pelas instituições liberais dominantes como sendo uma ideologia mistificadora e contrapor-lhe o conhecimento que elas próprias produzem nos processos de luta e os ideais de uma sociedade justa que neles emergem.

Em alguns domínios de interação global o binário hegemônico/contra-hegemônico não cobre todo o campo das possibilidades. Refiro-me a atuações sociais que não são nem hegemônicas nem contra-hegemônicas, no sentido que aqui lhes atribuo. Considero não hegemônicas as atuações sociais (lutas, iniciativas e práticas) que resistem contra formas hegemônicas de dominação, mas visam substituí-las por outras formas de dominação que reproduzem ou mesmo agravam as desigualdades das relações de poder social. À luz desta distinção, uma atuação social que proponha a substituição do Estado secular pelo Estado religioso seguindo uma só religião não faz hoje certamente parte das estruturas hegemônicas de dominação e dos seus entendimentos liberais ou neoliberais na maioria das regiões do mundo, mas nem por isso é contra-hegemônica no sentido aqui entendido, uma vez que o seu propósito é substituir um determinado padrão de relações desiguais de poder por outro (eventualmente mais autoritário e injusto) e não lutar por relações de autoridade partilhada tanto numa perspectiva secular como numa perspectiva religiosa. Do mesmo modo, as teologias políticas que rejeitam a distinção entre a esfera pública e a privada e atribuem a uma determinada religião o monopólio da organização da vida social e política podem ser consideradas não hegemônicas, mas não contra-hegemônicas, no sentido aqui proposto, porque em lugar de confrontarem o capitalismo, o colonialismo e o patriarcado lhes atribuem frequentemente uma justificação divina.

A resolução ocidental da questão religiosa

Como mencionei anteriormente, a reivindicação da religião como elemento constitutivo da vida pública é um fenômeno que tem vindo a assumir uma importância crescente nas últimas décadas. Tal como no caso dos processos de globalização que identifiquei acima, não estamos perante um fenômeno novo. Basta para isso recordar o papel do catolicismo na expansão colonial europeia ou o papel do Islã na conquista da Pérsia (633-656) e do Império Otomano (1299-1922). É novo apenas na medida em que ocorre depois de séculos de dominação colonial e neocolonial, e de imposição global do paradigma cultural e político da modernidade ocidental. Depois de séculos de conflitos na Europa, este paradigma alcançou uma resolução sem precedentes da questão religiosa, a questão do papel da religião na sociedade: por um lado, os valores do Cristianismo foram reconhecidos como "universais"; e, por outro, o Cristianismo institucional foi relegado para o governo da esfera privada, a esfera das decisões autônomas e voluntárias dos indivíduos. Esta resolução ocidental da questão religiosa tem vindo a ser questionada em muitas partes do mundo, incluindo o mundo ocidental, e traduz-se na reivindicação do papel da religião na vida pública.

Não é aqui o lugar para analisar os equívocos da resolução ocidental da questão religiosa: os valores selecionados e os valores excluídos (o que são exatamente os valores cristãos?); a distância entre os termos da resolução e a sua prática (a "resolução" aplicou-se igualmente às diferentes religiões?); a complexa interpenetração das esferas pública e privada (em que medida a fuga escatológica para um mundo outro é uma resposta às condições injustas do nosso mundo social e político?); e – o maior equívoco – saber até que ponto o Cristianismo institucional (especialmente a Igreja católica) aceitou ou apenas tolerou esta resolução da questão religiosa ou até a subverteu sempre que teve ocasião para tal. O que importa aqui salientar é que a distinção entre o espaço público e o espaço privado e o confinamento da religião a este último é hoje um elemento central do imaginário político de raiz ocidental, tanto no plano da regulação social como no da emancipação social. E o mesmo sucede com os direitos naturais do século XVIII e com os seus sucessores: constitucionalismo moderno e Declarações de Direitos Humanos das Nações Unidas.

A resolução ocidental moderna da questão religiosa é um localismo globalizado,[21] ou seja, é uma solução local que, por via do poder econômico, político e cultural de quem a promove, expande o seu âmbito a todo o globo. A modernidade capitalista ocidental gerou muitos localismos globalizados, e a resolução da questão religiosa é talvez o mais frágil de todos. Nas regiões para onde foi transplantada, os territórios coloniais, a distinção entre a esfera pública e a esfera privada estava estritamente confinada às "pequenas europas", às sociedades civis dos colonos

---

21. Sobre o conceito de localismo globalizado e do seu par, globalismo localizado, ver Santos 2001, p. 49-71.

e assimilados, e, portanto, sociedades civis totalmente racializadas e livremente manipuladas pelo poder colonial. Não surpreende que, findo o ciclo do colonialismo histórico, a distinção entre esfera pública e esfera privada tenha sido muitas vezes considerada um corpo estranho, tanto no plano político como no plano cultural, e que, aliás, essa "estranheza" se estenda muito para além da questão religiosa.

Uma tipologia das teologias políticas

Não trato aqui da experiência religiosa dos indivíduos ou das comunidades, mas do modo como ela é concebida pelos agentes religiosos e suas instituições. Designo por teologia política os diferentes modos de conceber a intervenção da religião, como mensagem divina, na organização social e política da sociedade. Dentro do Cristianismo, existe um longo debate histórico sobre a natureza da teologia política (Scott e Cavanaugh [orgs.], 2004; Arjomand, 1993). Na Alemanha, o debate em torno deste assunto foi particularmente intenso nos anos 1920 e 1930, envolvendo muitos participantes, dos quais o mais conhecido é, certamente, Carl Schmitt (1922). Historicamente, a teologia política tem sido identificada com a metafísica teológica que concedeu a sanção religiosa às estruturas sociais e políticas existentes. Depois do Iluminismo e dos processos sociais e políticos que conduziram à privatização do indivíduo, a teologia convencional tomou o indivíduo específico criado pelo Iluminismo como um sujeito geral – a humanidade – e nisso consubstanciou a ilusão do seu caráter apolítico. Nos anos de 1960 emergiu uma nova teologia política, uma teologia crítica da ordem social existente. A nova teologia política tomou como alvo o conceito de indivíduo do

Iluminismo. Segundo ela, longe de ser um sujeito universal, o indivíduo do Iluminismo é, de fato, um ser do sexo masculino, branco e de classe média. Está, pois, muito longe de representar a "humanidade", e as teologias que não tomam isso em conta fundam a sua apoliticidade numa decisão eminentemente política. Este criticismo está subjacente a uma vasta gama de teologias que emergiram nesta época e que foram avançadas, entre outros, por Metz (1968, 1980), Moltmann (1967, 1982, 1984) e Soelle (1974), bem como pelos teólogos da libertação na América Latina e de outros locais, como Gutierrez (1971, 2004), Leonardo Boff (1973, 1986, 1997), Clodóvis Boff (1978, 1984, 1998), Dussel (1992, 1999, 2006), Assmann e Hinkelamert (1989), Ellacuría (1990), Sobrino (1984, 2007), Jung Mo Sung (2007, 2011a) e Tamayo, que oferece uma das mais consistentes e sólidas fundamentações para uma teologia da libertação (1993, 1996, 1999, 2003a, 2003b, 2004a, 2004b, 2006a e 2006b).[22]

De uma forma mais ou menos radical, todas as teologias políticas questionam a distinção moderna entre o público e o privado e reivindicam a intervenção da religião na esfera pública. O âmbito e o critério ou orientação da intervenção fundam algumas das distinções fundamentais a fazer entre as diferentes teologias políticas. A elaboração de categorias de classificação está sempre sujeita à armadilha de estender a um grupo geral características que apenas se encaixam adequadamente num determinado subgrupo. Estou consciente de que também eu poderei estar a cair nesta armadilha. Por exemplo, as classificações que proponho neste livro são provavelmente mais adequadas a

---

22. Para uma visão panorâmica da teologia da libertação, nos seus quarenta anos, ver Leonardo Boff (Disponível em: <http://leonardoboff.wordpress.com/2011/08/09/quarenta-anos-da-teologia-da-libertacao>. Acesso em: 23 mar. 2013). Para alguns exemplos de teologia islâmica da libertação, ver Asghar Ali Engineer (1990, 1998), Hamid Dabashi (2008) e Javad Sharbaf (2008).

religiões que requerem uma aceitação universal e, portanto, que investem na heresia, perseguição e excomunhão para garantir a reprodução desta aceitação. Neste sentido, as classificações aplicam-se mais facilmente às religiões semitas – Judaísmo, Cristianismo e Islã.[23]

Teologias pluralistas e fundamentalistas

Quanto ao âmbito da intervenção da religião na esfera pública, devemos fazer uma *distinção entre teologias pluralistas e fundamentalistas*, de que existem diferentes versões tanto no Cristianismo como no Islã. Como é sabido, nos países ocidentais os termos "fundamentalista" e "fundamentalismo" estão carregados de conotações islamofóbicas.[24] Contudo, a origem destes conceitos não é islâmica, mas sim cristã, mais concretamente, protestante e norte-americana.[25] O fundamentalismo nasceu nos Estados Unidos da América, no início do século XX. Ruthven, numa pequena introdução ao tema, recorda as seguintes palavras do jornalista H. L. Mencken, escritas nos anos 1920: "Hoje, se atirares um ovo da janela de um Pullman, vais acertar num Fundamentalista em quase toda a parte nos Estados Unidos"

---

23. Têm sido propostos vários modelos de relacionamento entre a religião e as instituições sociopolíticas e culturais. Ruether, por exemplo, restringindo a sua análise ao Cristianismo, distingue os seguintes modelos: vários tipos de separatismo: profético, apocalíptico, místico ou utópico; recusa total do separatismo sob a forma de nações e impérios sacralizados; esforços diversos para coexistir com a sociedade e transformá-la (1991, p. 218).

24. Para uma crítica à islamofobia, ver, por exemplo, Ramadan (2002), Sayyid (2003), Betz e Meret (2009). Ver também S. Sayyid e Abdoolkarim Vakil (Orgs.), 2010.

25. Como resultado, em parte, do crescimento do fundamentalismo teológico nos nossos dias, o termo "fundamentalismo" tem vindo a ser usado muito para além do contexto religioso, como metáfora caracterizadora de comportamentos ou atitudes assentes em crenças irredutíveis, em domínios como ativismo político, política identitária, nacionalismo. Ver, a este respeito, Nagata (2001).

(2007, p. 1).[26] O fundamentalismo surgiu no sul da Califórnia, nos anos 1920, e foi difundido inicialmente por meio de uma publicação religiosa intitulada *The fundamentals: a testimony to truth*, redigida por um grupo de protestantes evangélicos de diversas denominações,

> destinada a travar a erosão daquilo que os irmãos e seus editores consideravam ser as crenças fundamentais da cristandade protestante: a infalibilidade da Bíblia; a criação direta do mundo, e a da humanidade, *ex nihilo* por Deus (em contraste com a evolução Darwiniana); a autenticidade dos milagres; o nascimento virginal de Jesus, a sua crucificação e a sua ressurreição corpórea; a expiação substitutiva (a doutrina de que Cristo morreu para redimir os pecados da humanidade); e o seu regresso iminente para julgar e governar o mundo (Ruthven, 2004, p. 7).

Este movimento visou de modo particular as teorias evolucionistas e o seu ensino nas escolas (Ruthven, 2004, p. 12).[27]

Borges (2010, p. 76)[28] define fundamentalismo, em geral, como uma forma de pensamento baseada numa "determinada concepção de verdade, que se confunde com a posse do Fundamento". Almond, Appleby e Sivan, por sua vez, oferecem a seguinte definição de fundamentalismo:

> refere-se a um padrão discernível de militância religiosa com que os autodenominados "verdadeiros crentes" tentam travar

---

26. *American Mercury*, out. 1925, p. 158-60.

27. Para aprofundar o tema do fundamentalismo cristão, ver, por exemplo, as obras de Tamayo (2004a; 2004 b), Marsden (2006), Borges (2010, p. 74-86), Casanova (1994, p. 135-66) e New (2012). Debruçar-me-ei mais adiante sobre as versões atuais deste fundamentalismo cristão, isto é, sobre a sua reemergência nos Estados Unidos da América, nos anos 1980, associado à nova direita.

28. Ver também Tamayo (2009).

a erosão da identidade religiosa, fortificar as fronteiras da comunidade religiosa e criar alternativas viáveis às instituições e comportamentos seculares (2003, p. 17).

Utilizarei, pois, os termos "fundamentalismos" e "fundamentalista" para me referir a teologias – cristãs e islâmicas – de acordo com as quais a revelação é concebida como o princípio estruturante de organização da sociedade em todas as suas dimensões. Em ambos os casos, a revelação está normalmente ligada ao escrituralismo, o que significa que a organização da vida social e política deve seguir a interpretação literal dos livros sagrados sempre que estes existam. Segundo as teologias fundamentalistas, a revelação é o discurso divino eterno, incriado e, como tal, a interpretação humana não poder ser mais que uma redução sacrílega.

As teologias pluralistas concebem a revelação como um contributo para a vida pública e a organização política da sociedade, mas aceitam a autonomia de ambas. Gerem a tensão entre a razão e a revelação procurando um equilíbrio entre ambas. Embora divina e incomensurável com a razão humana, a revelação tem como único propósito ser acessível à razão humana e ser cumprida pela ação humana na história. Tal seria impossível se os humanos fossem incapazes de pensamento criativo e ação autônoma. Em suma, as teologias pluralistas apontam para uma concepção humanista da religião.[29]

Dois tópicos principais se jogam na distinção entre teologias pluralistas e fundamentalistas: a relação entre razão e revelação; a relação entre revelação e história. De acordo com Moosa, referindo

---

29. Para uma panorâmica geral da discussão acerca do lugar da razão histórica na interpretação da revelação cristã, ver Queiruga (1987). Para perspectivas diferentes acerca do tema em contexto islâmico, ver, por exemplo, Al-Azmeh e Bak (2004), Özsoy (2006), Tibi (2005) e Ramadan (2002).

um dos acadêmicos mais reconhecidos do Islã no século XX, Fazlur Rahman (2000), a tensão que caracteriza estas relações "reside no fato de a revelação emanar de uma fonte divina e transcendental, mas ocorrer no seio da história e ser entendida pela mente humana" (2000, p. 13). Rudolf Bultmann, por seu turno, numa obra seminal sobre a necessidade de articular fé e razão, escreve o seguinte:

> É impossível repristinar a imagem do mundo passado por pura resolução, especialmente uma imagem mítica do mundo, depois de todo o nosso pensamento ter sido irremediavelmente moldado pela ciência. Uma aceitação cega da mitologia do Novo Testamento seria uma simples arbitrariedade; tornar tal aceitação numa exigência de fé seria reduzir a fé a uma tarefa (1984, p. 3).

A questão da relação entre a revelação e a história é bem formulada por Fazlur Rahman (1982) quando pergunta, numa formulação de Moosa: "De que modo as normas e valores da revelação poderão ter uma influência duradoura nas comunidades religiosas sem se tornarem anacrônicas?" (2000, p. 15). Segundo as teologias pluralistas, a revelação ocorre num dado contexto social e político, e o seu valor humano depende da sua abertura a novos contextos, tornando-se relevante pela forma como responde às necessidades sociais e existenciais de um determinado tempo. Em suma, uma religião *na* história. Segundo as teologias fundamentalistas, pelo contrário, a revelação, sendo eterna, é acontextual e, portanto, contém em si mesma todas as possíveis necessidades históricas, assim como todos os acidentes que conduziram à sua emergência. Em suma, uma história *dentro da* religião.

As teologias pluralistas cristãs, embora aceitando a separação do Estado e da sociedade civil, recusam o monopólio do Estado na organização social e a noção de sociedade civil como esfera privada. Ao contrário, argumentam que a sociedade civil configura um espaço público não estatal, no qual a religião tem de intervir – através da família, instituições da sociedade civil, organizações não governamentais – com o objetivo de exercer alguma influência sobre o Estado. Em oposição a esta teologia política pluralista, considerada dominante no Cristianismo, tem vindo a surgir nos últimos anos uma nova teologia política fundamentalista ou integrista[30] segundo a qual a única comunidade legítima, a única política verdadeira, é a cidade de Deus Agostiniana, da qual a Igreja invisível e visível – esta última, centrada nos sacramentos e na hierarquia – faz parte. Partindo dos seguidores desta teologia (John Milbank, Stanley Hauerwas, Oliver O'Donovan, entre outros), Daniel M. Bell Jr. afirma que a Igreja é a forma exemplar de comunidade humana, "é primeiro e sobretudo uma forma de afirmar que o significado de toda a política e de toda a comunidade emana da sua participação em Cristo" (2004, p. 435).

Ao contrário das teologias políticas pluralistas, as teologias políticas integristas emergentes não reconhecem o Estado como um agente da história. Segundo estas, só Deus está ativo na

---

30. O integrismo é um termo originalmente cunhado pelos católicos liberais franceses ao tempo da Revolução Francesa para descrever aqueles que rejeitavam os princípios da revolução (liberdade, fraternidade e igualdade) e defendiam as doutrinas do Concílio de Trento e a obediência ao papado. É utilizado derrisoriamente nos tempos modernos por aqueles que acreditam que certos católicos elevaram falsamente diferenças teológicas a dogmas. Por exemplo, o termo foi usado pelos católicos liberais no tempo de Pio X para ridicularizar aqueles que defendiam a sua encíclica Pascendi Dominici Gregis. Hoje é utilizado como pejorativo para descrever aqueles que aderem ao catolicismo tradicional. Aqui se incluem os que separam a Santa Sé do governo da fé católica, especialmente no tocante à missa em latim e rejeitam o que desde 1970 constitui a forma ordinária da missa a favor da missa do Missal de 1962 (que o Papa Bento XVI reconheceu como forma extraordinária do Rito Romano), mas o termo também é aplicado a crentes e praticantes de outras formas de Catolicismo tradicional. Em certas culturas, o termo "integrista" tornou-se sinônimo de fundamentalismo ou fanatismo religioso, sendo usado num sentido amplo. Ver: http://encyclopedia.thefreedictionary.com/integrism.

história, uma convicção que, como anuncia Bell Jr., "traz consigo o advento de uma nova era". Aqui fica a sua pergunta retórica: "Qual a correlação mais apropriada para o *mythos* cristão? O Leviathan ou o Corpo de Cristo?" (2004, p. 437).

No Islã, a pluralidade teológica tem menos que ver com a autonomia dos campos sociais do que com o reconhecimento da diversidade no interior da unidade que os abarca a todos. Ao contrário, as teologias fundamentalistas islâmicas não reconhecem esta diversidade ou reduzem-na ao mínimo. Concebem a religião como a única fonte de legitimação do poder político e mantêm, deste modo, a unidade da religião e do Estado sob a égide da religião. Segundo Achcar,

> Todos os tipos de fundamentalismo islâmico partilham uma dedicação comum àquilo que é basicamente uma "utopia reacionário-medieval", i.e. um projeto imaginário e místico de sociedade que não está virada para o futuro mas para o passado medieval. Todas elas procuram restabelecer na terra a sociedade mística e o Estado dos primórdios da história do islã (2008, p. 66).

A contestação fundamental do Estado moderno é muitas vezes expressa na idealização de passados remotos: o medieval, o Estado pré-moderno, no caso das teologias cristãs, ou o califado, no caso das teologias islâmicas.

Esta caracterização das teologias fundamentalistas pode levar à conclusão de que elas são, na sua essência, antimodernas. Esta conclusão talvez seja apressada, sobretudo tendo em conta o crescimento dos fundamentalismos nas últimas décadas, tanto no Judaísmo como no Cristianismo e no Islã. De fato, impressiona a facilidade com que os diferentes fundamentalismos, ao mesmo tempo que procuram manter a identidade das respectivas comunidades religiosas, galgam fronteiras institucionais e culturais e reproduzem com êxito práticas e rituais nos mais diversos contextos. São, de fato, um movimento transnacional que utiliza com grande eficácia todas as tecnologias de organização, comunicação, formação e comercialização que o capitalismo global tem vindo a desenvolver. Este fato leva Lehmann a considerar que os movimentos fundamentalistas são "a quintessência de um fenômeno moderno", ainda que prosseguindo um tipo de globalização diferente do que é usualmente associado ao cosmopolitismo (1998, p. 630). Por seu lado, Steve Bruce, apesar de salientar que algumas das dimensões da modernidade (ciência e tecnologia e pluralismo político e cultural) põem limites à expansão do fundamentalismo, não deixa de assinalar, referindo-se especificamente ao fundamentalismo protestante nos EUA, que este "parece desafiar a ideia de que não se pode acreditar que Deus fez o mundo em seis dias, que a Bíblia é inspirada (e mesmo ditada) pela palavra de Deus e que a Segunda Vinda está eminente e viver numa cidade que faz uso das tecnologias de ponta" (1990, p. 487). A relação dos fundamentalismos (religiosos e não religiosos) com a modernidade e sobretudo com a aceleração da globalização pode ainda ser concebida como uma relação dialética. Como afirma Nagata, "pode não ser coincidência que o fundamentalismo tenha sido adicionado ao léxico público e acadêmico num tempo em que a (des)ordem global, com o seu transnacionalismo, cosmopolitismo, pluralismos, relativismos, e o movimento de pessoas e ideias por todo o globo, contribuíram para uma preocupação obsessiva com a identidade, nacionalidade, e com os valores últimos – os fundamentos da existência" (2001, p. 482). O crescimento dos fundamentalismos obriga a uma análise mais complexa do que se entende por modernidade, uma análise do tipo da que nos anos 1950 e 1960 se debruçou sobre o nazismo e o considerou parte integrante da modernidade e não o seu contrário. Adiante voltarei a este tema, ao analisar as afinidades entre os fundamentalismos e a globalização neoliberal.

Teologias tradicionalistas e progressistas

No tocante ao critério ou à orientação da intervenção religiosa, podemos distinguir entre *teologias tradicionalistas*[31] e *progressistas*, das quais, tal como no caso das teologias pluralistas e fundamentalistas, existem diferentes versões cristãs e islâmicas.

As teologias tradicionalistas intervêm na sociedade política defendendo, como a melhor solução para o presente, as regulações sociais e políticas do passado. Fazem uso dos dados teológicos de modo a enfatizar as ideias políticas que reconduzem a autoridade política à autoridade religiosa com o propósito de proporcionar à política a estabilidade e imunidade que a religião possui. Neste sentido, e seguindo o pensamento de Moosa, seria possível incluir nesta categoria os "salafitas puritanos", ainda que o autor considere que a mesma atitude se verifica "entre os modernistas, revivalistas e mesmo tradicionalistas de diferentes quadrantes", consistindo numa promessa de "re-conectar as sociedades muçulmanas contemporâneas ao seu passado glorioso". Afirmam, como condição prévia:

> o nosso entendimento do islã deve ser completamente despido de todos os acréscimos históricos e culturais, todas as interpretações e elaborações passadas devem ser abandonadas. O credo deste grupo é o retorno ao Corão, e para alguns, o

---

31. Sobre a história do tradicionalismo relacionado com a teologia cristã, ver Metz (1980, p. 20-2).

envolvimento com uma ínfima parte da tradição profética autêntica, que incrivelmente conduzirá à recuperação do "verdadeiro" islã (2008, p. 568).

No Cristianismo, uma teologia tradicionalista significa, por exemplo, que a distinção entre a religião dos oprimidos e a religião dos opressores, não possa ser aceite. O que de outra perspectiva é visto como a religião do opressor – uma religião espiritualista, burguesa, sem posição crítica em face das injustiças estruturais (Metz, 1980) – é considerado o padrão de experiência religiosa legítima, ao mesmo tempo que a religião dos oprimidos é estigmatizada ou ignorada. O pensamento de Joseph Ratzinger (Papa Emérito Bento XVI) constitui um exemplo da rejeição da centralidade para a teologia, quer da experiência dos oprimidos, quer da *orthopraxis* (viver e agir corretamente em lugar de seguir estreitamente a doutrina e a ortodoxia). De fato, segundo Ratzinger, esse tipo de teologias substitui a verdade pela prática e, como tal, desloca o eixo das religiões, esvaziando-as, já que transfere o ideal de uma sociedade melhor para o domínio "profano-utópico" (2007, p. 68).

Pelo contrário, as teologias cristãs progressistas fundam-se na distinção entre a religião dos oprimidos e a religião dos opressores e criticam severamente a religião institucional como sendo a religião dos opressores. Uma vez que, segundo eles, não é legítimo separar a análise da religião da análise das relações de produção, a religião dos opressores é, na modernidade ocidental, uma "religião do capitalismo". No caso das teologias da libertação, a crítica do capitalismo e da sua "idolatria do mercado" (Assmann e Hinkelammert, 1989; Sung, 2011b) – muito influenciada pelo Marxismo, especialmente na sua versão latino-americana – está no centro de uma renovação teológica que incide sobre os pobres e oprimidos, considerados como uma entidade coletiva geradora de libertação. Como nos diz Libânio:[32]

> O pressuposto dessa reflexão é de que as teorias econômicas têm implicações não apenas éticas como também teológicas. Teologias explícitas ou implícitas subjazem às teorias econômicas e acabam por legitimar estas últimas, envolvendo-as na aura de uma "religião econômica". Com efeito, o capitalismo tem pretensões de ir fundo no coração humano, desvendando-lhe o mistério do desejo, que, em última análise, é o mistério da religião. Esta "religião econômica" cria "uma ilusão transcendental" de promessas de satisfação terrena de todos os desejos humanos pela via do consumismo e do hedonismo.[33]

A teologia da libertação concebe a fé como libertadora apenas na medida em que possa contribuir para a libertação estrutural e coletiva dos pobres. Estes constituem tanto o objeto desta teologia (a sua preocupação central) como o seu sujeito (visto que são protagonistas da história e da sua interpretação) e o lugar social a partir do qual a teologia deverá ser enunciada. A teologia da libertação constitui, em si, uma constelação de teologias, nas quais a categoria do "pobre" se desdobra contextualmente, abrangendo as vítimas do capitalismo e os povos oprimidos pelas potências coloniais e pós-coloniais (afrodescendentes, indígenas), bem como o "melting pot" resultante de encontros (Dussel, 2009), mas também de violações de culturas e de corpos (Gonzalez, 2004).

Por isso, estas teologias têm-se aberto cada vez mais a uma perspectiva não só ecumênica, como também inter-religiosa. Esta abertura deve-se, por um lado, à constatação de que o centro de

---

32. Ver Libânio. Disponível em: <http://www.servicioskoinonia.org/relat/229.htm>. Acesso em: 18 mar. 2013.

33. Para referências que permitam uma panorâmica das teologias da libertação, ver nota 22.

gravidade da teologia se deslocou para o Sul, não só por motivos demográficos, mas também porque é daí que sopram os ventos de teologias mais criativas. Por outro lado, o diálogo e a teologia inter-religiosos resultam da percepção de que a dimensão global dos problemas que atualmente se colocam à humanidade exigem respostas também à escala global. Contudo, estas teologias são críticas de projetos globais que se constituam como novas formas de poder religioso sobre o espaço público. Como diz Tamayo: "A libertação necessita de todas as religiões, de todas as culturas, para que possa ser integral. O matrimônio entre a libertação, as culturas e as religiões não é um matrimônio 'por poderes'" (2005, p. 12). O projeto de teologia intercultural, defendido tanto por este autor como por Fornet-Betancourt (2006),[34] consiste na construção de uma teologia da libertação intercultural assente na crítica da assimetria epistemológica existente, resultante da globalização neoliberal e da primazia concedida ao conhecimento científico-técnico ocidental. A sua proposta consiste num diálogo crítico entre movimentos críticos contextualizados:

> Isto significa que devemos incluir esse trabalho crítico nos movimentos sociais, políticos e culturais de todos homens e de todas as mulheres que lutam pelo reconhecimento da sua diferença, pois sem este momento de rebeldia não haverá crítica. Se me é permitido usar uma simbologia da teologia cristã, estes são movimentos que mostram que a "ressurreição da carne" é possível, ou seja, que as mentalidades situadas, carregadas de história e de vida, irrompem no curso do mundo imprimindo-lhe muitos rostos e ritmos (Fornet-Betancourt, 2006, p. 15).[35]

---

34. Ver também Tamayo (2011).

35. A teologia intercultural de Tamayo e Betancourt distingue-se do projeto "weltethos" de Hans Küng. Segundo este, "não haverá paz entre as nações sem paz entre as religiões. Não haverá paz entre

Segundo as teologias progressistas cristãs, a separação do espaço público e privado funcionou sempre como forma de domesticar ou neutralizar o potencial emancipador da religião, um processo que contou com a cumplicidade e mesmo com a participação ativa das teologias conservadoras.[36] Para Metz (1980, p. 63), ao aceitar a ideia de um indivíduo privado (um indivíduo branco, do sexo masculino, acrescentaria eu), a teologia estabeleceu um contraste entre o sujeito, por um lado, e a história e a sociedade, pelo outro, e com isto perdeu qualquer base para a solidariedade e para a esperança. Pelo contrário, para a teologia política progressista, "a fé dos cristãos é uma *praxis* na história e na sociedade" (Metz, 1980, p. 73). De modo similar, Soelle defende que o propósito da teologia política é "unir a fé e a ação de modo mais satisfatório" (1974, p. 2).

As teologias cristãs progressistas insistem sobretudo na história do movimento sociológico gerado por Jesus.[37] Segundo elas, este movimento mostra que a religião não emerge do domínio privado. Para o bem e para o mal, a religião nunca abandonou o domínio público: para o mal, porque funcionou como um elemento essencial na legitimação da ordem colonial; para o bem, porque foi sempre uma fonte de inspiração para os grupos sociais e movimentos que lutaram contra a injustiça e a opressão ao

---

as religiões sem diálogo entre as religiões. Não haverá diálogo entre religiões sem padrões éticos globais. Não haverá, portanto, sobreviventes neste mundo sem uma ética global (Disponível em: <http://www. peaceproposal.com/Kung.html>. Acesso em: 18 mar 2013). Esta concepção descarta a importância da diversidade e das condições históricas, políticas, econômicas e culturais, que lhe deram o perfil que hoje assume. Ver a resposta de Tariq Ramadan a Hans Küng (Ramadan, 2005).

36. Nas palavras de Moltmann: "O produto da religião organizada é uma ausência institucionalizada de empenhamento. A fé torna-se um assunto privado, e os fundamentos do credo podem ser substituídos arbitrariamente. Trata-se de uma religião que não exige nada; por isso, do mesmo modo, também não é consolo para ninguém Esta é uma justificação, não um julgamento, do que existe" (1982, p. 159).

37. Ver, entre outros, Fiorenza (1994), Theissen e Merz (1998), Crossan (1991).

longo da história. No que respeita às teologias pós-coloniais, uma versão específica das teologias progressistas, a fé é considerada, por um lado, como uma instância crítica dos imperialismos políticos reiterados pelas formas imperialistas de Cristianismo, e, por outro lado, como uma afirmação da positividade da hibridez, dos "espaços intermédios". No dizer de Keller, Nausner e Rivera,

> A tarefa de uma teologia pós-colonial não será a de erguer barreiras entre cristãos e não cristãos, o sagrado e o profano, a igreja e o mundo, o ético e o imoral, mesmo entre o criador e a criação. Nem será, simplesmente, a de derrubá-las. Queremos antes estar cuidadosamente atentos ao que acontece em todos estes lugares intermédios. O que recusa ser separado? O que cruza fronteiras? O que se manifesta nas muitas línguas de muitos povos? O que é revelado (ou não) nas deslocações das fronteiras? (2004, p. 14).[38]

Algumas teologias progressistas islâmicas, das quais Ali Shariati (1980, 2002) pode ser considerado um exemplo destacado, tecem críticas igualmente radicais ao capitalismo ocidental (no caso de Shariarti, também ao marxismo), considerando-o uma fonte de desumanização e exploração. Shariati considera que no dealbar de uma nova era, pós-capitalista e pós-comunista, o ser humano encontraria um novo caminho de salvação, no qual o Islã desempenharia um papel fundamental, tanto por oferecer uma interpretação espiritual do universo como por constituir um novo humanismo. Para tal, o Islã teria, ele próprio, de se libertar "dos efeitos de séculos de estagnação, superstição, e contaminação, devendo ser apresentado como uma ideologia

---

38. Para outras teologias pós-coloniais, ver Sugirtharajah (2005), Keller, Nausner e Mayra Rivera (2004), Kang (2004), Lewis Taylor (2004), Wilfred (2000, 2002, 2009). Também numa perspectiva feminista: Kwok Pui-Lan (2005).

viva" (1980, p. 94). Por seu turno, Dabashi (2008) equaciona uma teologia da libertação islâmica que passa pela libertação do imperialismo ocidental e por uma abertura cosmopolita, dialogante com as diversas culturas.

As teologias feministas têm um papel particularmente relevante na formulação das teologias progressistas, tanto nas versões cristãs como nas islâmicas. Estas teologias criticam a associação da religião e das suas estruturas hierárquicas à ordem patriarcal e à subsequente legitimação do patriarcalismo e da submissão das mulheres. Reconstroem a teologia e a leitura dos textos fundacionais com base nas experiências emancipatórias das mulheres no interior das religiões.[39]

As distinções entre diferentes tipos de teologia (pluralista e fundamentalista; progressista e tradicionalista) permitem ver que as relações entre os fenômenos religiosos emergentes, as formas de globalização e os direitos humanos não são unívocas ou monolíticas. No tocante à globalização, todas as teologias políticas são não hegemônicas, uma vez que são marginais, quer em relação à eficácia exclusiva e exclusivista atribuída às instituições seculares que sustentam a globalização neoliberal, quer em relação à natureza predominantemente secular das lutas contra ela. No entanto, as teologias pluralistas progressistas contêm um forte potencial contra-hegemônico. Ao reconhecer a relativa autonomia do espaço secular e ao fazer um julgamento crítico das injustiças que nele ocorrem, a religião dos oprimidos pode ser

---

39. Para alguns exemplos de bibliografia de teologias feministas cristãs, ver Toldy (2011, 2012), Fiorenza (1984, 1992, 1993, 1998, 2011), Daly (1968, 1973), McFague (2000, 2008), Ruether (1993, 2011), Christ (1998, 2004), Althaus-Reid e Isherwood (2007), Gebara (1998), Isasi-Díaz e Tarango (1988), Fabella e Oduyoye (1988), Aquino (1996), King (1994). Exemplos de feministas islâmicas: Ahmed (1992), Barlas (2006), Mojab (2001), Wadud (1999, 2006), Ezzat (2001), Badran (2009).

uma fonte de articulação entre os movimentos religiosos e seculares que lutam por uma sociedade mais justa e mais digna. No mesmo sentido, Ulrich Duchrow levanta a questão da necessidade de uma teologia capaz de ajudar a "construir um trabalho teórico interdisciplinar sobre as alternativas a uma hegemonia neoliberal" (2006, p. 203). De fato, muitos movimentos sociais religiosos que fazem parte do Fórum Social Mundial são inspirados pelas teologias progressistas e, em particular, pelas teologias da libertação.[40] Por outro lado, as teologias tradicionalistas, na medida em que conformam processos de globalização religiosa, são formas não hegemônicas de globalização, mas não são de modo algum contra-hegemônicas no sentido aqui descrito.

---

40. Sobre este assunto, ver o capítulo 4.

CAPÍTULO 2

O caso do fundamentalismo islâmico

As teologias políticas não ocidentais (e não cristãs), em especial quando são militantemente antiocidentais, colocam desafios específicos às distinções e categorizações apresentadas no capítulo anterior.[41] O que significa ser antiocidental? Significa rejeitar a modernidade ocidental como um projeto cultural ou rejeitar o colonialismo e o capitalismo? A título de exemplo, a Irmandade Islâmica do Egito – que está longe de ser movimento monolítico (Saadawi e Hetata, 1999) – é vista e vê-se a si mesma como antiocidental. No entanto, as relações de alguns dos seus membros com o capitalismo ocidental, incluindo algumas das

---

41. Sob o colonialismo ocidental, muitas religiões não ocidentais e não cristãs foram objeto de uma reflexão teológica de base cristã que, em geral, reproduzia os preconceitos do colonialismo ocidental sobre o "outro". Ver Duncan MacDonald (1903) para uma ilustração desta concepção orientalista da teologia islâmica. Para uma crítica, ver Moosa (2005, p. 14). Para uma análise muito aprofundada (ainda que saturada por uma concepção iluminista de racionalismo), ver o trabalho monumental de Josef van Ess sobre a teologia islâmica do período clássico, o segundo e terceiro séculos do Hidschra (1991-1997, 2006). Sobre o orientalismo e o "orientalismo inverso" e sobre o estudo do Islã na França, ver a análise polêmica de Achcar (2007).

suas versões financeiras mais predatórias, são bem conhecidas. Hassan AL-Banna, fundador da Irmandade Islâmica (1924), argumentava que as ideias e as instituições das sociedades islâmicas deveriam proceder do Islã e não do Ocidente. Admitia a importação do ocidente nas seguintes áreas: sistemas administrativos; ciências aplicadas; comunicações; serviços; hospitais e farmácias; indústria, criação de animais e agricultura; energia nuclear para finalidades pacíficas; planejamento urbano, construção, alojamento e fluxo de tráfico; energia. E acrescentava: "Para além destas coisas não precisamos de nada. O Islã inclui todas as coisas" (Saadawi e Hetata, 1999, p. 5).[42] No nível político, o que pensar do fato de as organizações islâmicas no Egito, Argélia, Líbano, Tunísia e Palestina participarem e por vezes vencerem processos eleitorais enquadrados por concepções ocidentais de democracia liberal? Ou de a República Islâmica do Irã ser baseada numa revolução popular seguida de uma democracia parlamentar? E no caso de vitórias eleitorais livres e justas por parte de partidos islâmicos, é igualmente "ocidental" a decisão dos governos da Europa e da América do Norte de as aceitar quando conveniente (Turquia, 2002) ou de as boicotar, como aconteceu na Argélia em 1991 e na Palestina em 2006? Por outro lado, ser antiocidental não exclui a possibilidade de alianças tácitas com os poderes políticos ocidentais, como foi dramaticamente demonstrado pelos taliban no Afeganistão, armados pelos EUA para combater a União Soviética (Achcar, 2006).

Para além das questões políticas óbvias, estas interrogações levantam problemas conceituais para os quais não existem soluções

---

42. Na sua análise da relação entre o Islã político e a modernidade ocidental, Roy levanta o problema do comparativismo nesta área. Pergunta: "Por que razão o Orientalismo ocidental estuda o Islã *sub specie aeternitatis* [como algo imutável], enquanto aborda a civilização ocidental como uma configuração "sócio-histórica"? (1994, p. 11).

consensuais e muito menos unívocas. Lidar com as teologias políticas têm pelo menos o mérito de revelar os limites do trabalho teórico e analítico. Neste capítulo, ilustro este fato analisando a globalização do Islã e de algumas formas de teologia política islâmica. Refiro-me a uma maior dificuldade conceitual, e não a uma maior ameaça política. Trata-se de um campo minado em que a reivindicação de dificuldades conceituais se mistura com suposições implícitas ou explícitas sobre ameaças políticas reais ou imaginárias. De fato, considero imprudente tecer avaliações gerais sobre graus de ameaça política ou de periculosidade em relação às diferentes versões de fundamentalismo, seja ele islâmico, judaico, cristão, ou combinações dos dois últimos, como é o caso do sionismo cristão.[43] Neste capítulo, apesar de me centrar no Islã fundamentalista, que hoje em dia é uma importante corrente dentro da teologia islâmica, de modo algum deixo de lado o reconhecimento da diversidade de experiências religiosas dentro do Islã.[44] O poder do Islã fundamentalista tem as suas causas próprias, algumas das quais analiso neste livro, mas é fortemente amplificado pela sua visibilidade nas mídias europeia

---

43. Se estas avaliações gerais fossem justificáveis, eu consideraria o sionismo cristão como o mais perigoso de todos, dado o seu papel na não resolução do conflito Israel-Palestina (ver Attek, Duaybis e Tobin, 2005).

44. A nota de precaução sobre a diversidade do Islã é ainda mais necessária pelo fato de a mídia ocidental tender a retratá-lo como uma religião monolítica. Uma visão geral sobre esta diversidade pode ver-se em Donohue e Esposito (1982). Tal como no caso do Cristianismo, existe no Islã uma enorme diversidade de teologias políticas tanto no que respeita ao seu âmbito como ao seu critério de intervenção na sociedade. Gilbert Achcar (2008) contesta esta equação entre Cristianismo e Islã. Numa recente análise comparativa marxista das teologias de libertação cristãs e do fundamentalismo islâmico – ou Islã ortodoxo, como também lhe chama – contrasta a "afinidade eletiva" entre o Islã ortodoxo e as utopias reacionárias medievais com a "afinidade eletiva" entre o Cristianismo original e as utopias comunistas nas quais a teologia da libertação se inspira. O problema com esta comparação reside no fato de as teologias da libertação serem pluralistas e não fundamentalistas. Se a comparação fosse entre fundamentalismo islâmico e o fundamentalismo cristão, hoje emergente, facilmente veríamos duas "ideologias combativas contestando as condições político e/ou sociais prevalecentes" (2008, p. 56), ambas olhando para trás e portanto igualmente reacionárias.

e norte-americana e pela obsessão destas com a "guerra ao terror". Uma análise do Islã na África ou na Indonésia, com a maior população islâmica do mundo, oferece-nos uma imagem muito mais rica das experiências islâmicas.[45]

De acordo com o Islã fundamentalista, com base na interpretação rígida da sharia ou *shari'a*, a religião permeia toda a sociedade e toda a vida pública e privada dos crentes. Quando me refiro a uma interpretação rígida da *shari'a*, não tenho em mente nem uma interpretação estática desta, nem a ideia de que não pode haver uma pluralidade de interpretações rígidas. Talal Asad chama a atenção para a necessidade de superar a tese orientalista "difundida no ocidente desde pelo menos o início do século XX, de que a tradição legal islâmica ficou estática – de que 'as portas do *ijtihad* foram fechadas', como diz a famosa frase – depois dos primeiros séculos de formação" (2003, p. 221). Segundo Asad (ibid.), "discutir a mudança foi sempre importante para a *shari'a*, e a sua flexibilidade foi preservada pela via de dispositivos técnicos como o *urf* (tradição), *maslaha* (interesse público) e *darura* (necessidade)". Também Margot Badran apela à distinção entre

> *a shari'a* como o caminho decorrente do Corão que os muçulmanos são exortados a seguir na vida (*shari'a* como inspiração divina e princípios condutores) e a(s) lei(s) da "*shari'a*" (leis derivadas de entendimentos da *fiqh* que são obra humana, e portanto, abertas ao questionamento e mudança) (2009, p. 285).

Segundo Badran, "a *shari'a*, como o caminho indicado na escritura como sendo a palavra de Deus, é sagrada; mas necessita

---

45. Apenas como ilustração, ver, para o caso de Moçambique, Bonate (2006, 2007a, 2007b). Para uma abordagem mais geral, ver Eickelman e Piscatori (2004).

de ser apurada através do esforço humano" (ibid.). Também segundo Moosa,

> *Shari'a* significa literalmente "caminho percorrido/pisado/ trilhado". Os muçulmanos entendem que Moisés teve uma *shari'a*, tal como Jesus e outros incontáveis profetas tiveram um equivalente da *shari'a* como ponto de referência moral (2008, p. 570).[46]

Recorrendo ao legado cultural e histórico do Islã e adotando uma posição de crítica radical ao imperialismo ocidental, o Islã fundamentalista propõe uma mudança nas condições de vida dos crentes, defraudados pelo fracasso dos projetos nacionalistas e pró-ocidentais dos Estados que governaram as populações muçulmanas nas primeiras quatro décadas do século XX.

Apesar de as tendências mais extremistas se concentrarem em críticas e ações violentas contra o que são considerados interesses ocidentais, as tendências mais moderadas desenvolvem trabalho voluntário na educação, saúde e bem-estar social, naquilo que pode considerar-se um projeto islâmico de modernização (Westerlund e Svanberg, 1999, p. 20). Com base em critérios

---

46. Para um breve panorama da diversidade de interpretações da *shari'a* ver, por exemplo, Hallaq (2004) ou Fletcher (2006). Deverá ainda atender-se à hermenêutica sufi de interpretação da *shari'a* segundo a qual "os desafios presentes de cada época devem ser atendidos de novo com recursos espirituais e respostas adequadas às necessidades correntes" (Ernst, 2006, p. 5), o que se reflete, pois, na possibilidade de atualização das interpretações da *shari'a*. Conta-se que Muhammad Chishti, no século XVI, terá dito a este propósito, referindo-se à prática espiritual central de ouvir música por parte dos mestres da ordem Chishti: "Diz-se do reverendo Shaykh Hasan Muhammad que um homem Lahore chegou e disse, 'Neste tempo não existe ninguém digno de ouvir música [sama`].' [O mestre] replicou, 'Se não existe ninguém digno de ouvir música, o mundo será destruído.' O homem disse, 'Em tempos passados, existiram homens como Shaykh Nasir ad-Din [Chiragh-I Dihli], o Imperador dos Shaykhs [Nizam ad-Din Awliya], e o reverendo [Farid ad-Din] Ganj-i Shakkar. Agora não existe ninguém como eles.' [O mestre] respondeu, 'No tempo deles, os homens diziam a mesma coisa'" (Ernst, 2006, p. 5).

deste tipo, o conhecido escritor de esquerda egípcio, Sherif Hetata, diz sobre a Irmandade Islâmica no Egito:

> Se considerarmos fundamentalistas aquelas pessoas que têm
> uma interpretação estreita, ortodoxa, fanática do Islã então
> eles constituem uma minoria. Constituem uma minoria
> muito ativa. Constituem por vezes uma minoria poderosa.
> Mas no Egito (...) não penso que os verdadeiros movimentos
> fundamentalistas incluam a Irmandade Islâmica. Não sim-
> patizo com a Irmandade Islâmica, e em particular com a sua
> liderança (...) mas não poderemos ter progresso num país
> como o Egito se não lidarmos com o Islã e se não adotarmos
> uma interpretação iluminada do Islã. O Islã é a vida das
> pessoas, é a nossa tradição e a nossa herança cultural. Deve-
> mos trabalhar com a Irmandade Islâmica, mas não com a
> sua liderança (1989, p. 23-5).[47]

O Islã fundamentalista é definitivamente parte de um processo muito mais amplo que aqui denomino como globalização
das teologias políticas. Estou ciente de que a noção de teologia
política aplicada ao Islã, como na designação "Islã político", é
um campo minado que tem sido usado em anos recentes (e não
tão recentes) para demonizar o Islã e reintroduzir a centenária
visão orientalista de que as sociedades muçulmanas, além de
retrógradas, não democráticas e violentas, são também monolí-

---

47. Para uma visão distinta da Irmandade Islâmica, ver Roy (1994). Achcar também chama a
atenção para a necessidade de distinguir entre vários e contrastantes tipos de fundamentalismo islâmico: "Embora exista uma enorme diferença, por exemplo, entre, por um lado, uma organização tão rea-
cionária como a al-Qaeda, que conduz no Iraque uma guerra sangrenta de extermínio sectário em simultâneo com a sua luta contra a ocupação americana, e possui uma concepção verdadeiramente
totalitária da sociedade e política; e, por outro lado, um movimento como a Hezbollah libanesa que
condena o 'sectarismo político' em nome da sua luta contra a ocupação e agressão israelita e, mesmo
considerando a 'República islâmica' do Irã como o seu modelo terrestre supremo, reconhece o pluralismo religioso no Líbano e por conseguinte apoia os princípios da democracia parlamentar" (2008, p. 73).

ticas em termos dos seus sistemas de crença. Duas das análises críticas mais perspicazes deste fenômeno são da autoria de Modood (2003) e Sayyid (2005). Partilho inteiramente das suas preocupações e subscrevo a nota de precaução proposta por Sadowsky de que a análise do Islã político não deve obscurecer os fatos seguintes: as sociedades muçulmanas tendem a ser pelo menos tão diversas quanto similares; existe uma distância enorme entre a doutrina islâmica e a prática muçulmana; as aspirações dos muçulmanos não diferem radicalmente das de outras culturas, embora os meios usados para as atingir possam diferir; apesar das críticas feitas durante o Iluminismo, a religião não impede as pessoas de se comportarem racionalmente ou de inovarem; as grandes lutas em que os muçulmanos estão envolvidos são estruturadas pela história, mas não são determinadas por ela. Os resultados são ainda incertos (2006, p. 234). Resta apenas dizer que, em geral, o mesmo pode ser dito das sociedades hindus, judaicas ou cristãs. A grande diferença política e intelectual advém obviamente do fato de hoje se falar muito mais sobre o Islã político do que sobre o hinduísmo político, o judaísmo político ou o Cristianismo político.[48]

---

48. Ver também Hussein Solomon (2005). Roy distingue entre Islã político ou islamismo e neofundamentalismo, traçando as suas diferenças em três pontos principais: poder do Estado, *shari'a* e mulheres (1994, p. 34-47). Segundo ele, enquanto o islamismo visa à tomada revolucionária do poder estatal (ilustrada pelo caso do Irã), o neofundamentalismo privilegia uma transformação de baixo para cima baseada na sociedade. Para uma crítica de Oliver Roy e da evolução errática da sua análise sobre o Islã, ver Achcar (2007). Será também interessante atender aos comentários de Casanova a propósito da manipulação do tema do "Islã político": "Cada acusação ao Islã como uma religião fundamentalista, antimoderna e antiocidental poderia ter sido dirigida ainda com maior justificação contra o catolicismo até tempos recentes. Além disso, a maior parte das características do Islã político contemporâneo que os observadores ocidentais consideram acertadamente tão repreensível, incluindo os métodos terroristas e a justificação da violência revolucionária como um instrumento apropriado na busca pelo poder político, podem encontrar-se no passado não muito distante de muitos países ocidentais de muitos movimentos seculares modernos. Assim, antes de atribuir apressadamente estes fenômenos repreensíveis à civilização islâmica, talvez fosse de considerar a possibilidade da modernidade global, gerar de algum modo estas práticas" (2011, p. 261).

O Islã fundamentalista opera fora das fronteiras do nacionalismo islâmico e alimenta-se da sua crise.[49] O nacionalismo islâmico corresponde, de fato, a um conjunto de projetos políticos nacionais surgidos da luta contra o colonialismo. Todos estes projetos se traduziram em Estados autoritários, alguns revolucionários, outros tradicionalistas. No entanto, todos eles tentaram instrumentalizar ou controlar o Islã sob o pretexto de o modernizar e colocando-o, de fato, ao serviço do Estado. Se os tradicionalistas encontraram no Islã o passado glorioso que os ratificava, os revolucionários usaram o Islã para devolver o futuro às sociedades islâmicas. Em qualquer dos casos, tratou-se de uma questão de legitimação de processos autoritários, em que o poder político pessoal recorria frequentemente a referências religiosas, apesar de alegar laicidade e secularismo. Não devemos esquecer que nas sociedades muçulmanas a experiência moderna de secularismo é também uma experiência de ditadura. Isto significa que o valor democrático atribuído ao secularismo no Norte Global está ausente ou não pode ser mecanicamente transposto para o Sul Global.

O Islã político fundamentalista dos nossos dias alimenta-se do fracasso destes projetos; em vez de nacional e Estadocêntrico, é transnacional e sociocêntrico. Transfere o projeto de renovação para uma sociedade transnacional de crentes, sujeitando o Estado a uma crítica radical, acusando-o de cumplicidade ou submissão ao imperialismo ocidental.[50] Este é o seu maior inimigo, pois dele provieram todas as humilhações dos povos islâmicos. Enquanto algumas versões se opõem radicalmente a todas as dimensões constitutivas da globalização neoliberal hegemônica – econômica,

---

49. Para uma primeira visão da mudança do nacionalismo para o "Islã revolucionário", ver Arjomand (1984). Uma análise distinta pode ver-se em Achcar (2008).

50. A característica da transnacionalidade da comunidade dos crentes (*umma*) verifica-se, igualmente, no catolicismo, como bem lembra Casanova (2005).

social, política e cultural –, outras fazem distinções recusando as dimensões cultural e política, mas aceitando a econômica.

De fato, pelo menos as formas mais extremistas das teologias fundamentalistas islâmicas[51] têm muito pouco a ver com a globalização contra-hegemônica acima definida e com a forma como esta surge, por exemplo, do processo do Fórum Social Mundial.[52] A globalização contra-hegemônica do FSM acolhe e celebra a diversidade cultural e política, é laica, ainda que inclua movimentos de inspiração religiosa, desde que respeitem a esmagadora maioria dos outros movimentos não religiosos;[53] o projeto de sociedade futura que defende é aberto, cabendo dentro da designação "outro mundo é possível" muitas formas de emancipação social, assenta em modelos organizativos muito fluidos, horizontais, sem comandos centrais nem líderes e, finalmente, embora propondo uma nova política e uma nova epistemologia, muitos dos movimentos que acolhe partilham o paradigma cultural filosófico e ético da modernidade ocidental.

Em muitos destes aspectos, a globalização do Islã político fundamentalista situa-se nos antípodas da globalização contra-

---

51. Ver a nota 48 e a distinção entre duas concepções contrastantes de fundamentalismo islâmico: al-Qaeda e Hezbollah.

52. Sobre o FSM, ver Santos, 2005 e 2006a.

53. A natureza secular do FSM reporta-se ao princípio de separação entre a igreja e o Estado. Mas, à luz da Carta de Princípios, não se pode afirmar secularista (a redução do pluralismo na esfera pública a posições não religiosas), uma vez que os movimentos progressistas baseados na fé têm sido parte dele desde o início. Em aparente contradição com isto, contudo, existem duas situações que devem ser criticamente abordadas. Primeiro, desde o 11 de setembro (2001) os movimentos e organizações islâmicas têm sido vítimas de uma política de suspeição profundamente enraizada na visão orientalista do Islã como uma entidade monolítica. Foram excluídas da organização de algumas reuniões regionais do FSM, o que deve ser vigorosamente denunciado. Segundo, em algumas áreas da luta social, como o feminismo, as concepções secularistas são de longe dominantes e podem por vezes excluir a perspectiva teológica feminista, particularmente no caso do Islã. Para uma análise crítica muito atenta do secularismo no FSM que teve lugar em 2004, ver Daulatzai (2004).

-hegemônica do FSM.[54] Aliás, parece partilhar algumas características intrigantes, tanto com as utopias modernistas, que propunham modelos fechados de sociedade futura, como com a globalização hegemônica neoliberal: o pensamento único (seja ele o neoliberalismo ou o islamismo), a ecumene jurídica (seja ela o primado do direito ou a *Shari'a*), o expansionismo monolítico (seja ele o mercado ou a conversão), a crítica do Estado (seja ele o Estado Providência ou o Estado laico).

Uma referência específica deve ser feita às relações entre o Islã, em geral, e o Islã fundamentalista em especial, por um lado, e os direitos das mulheres, a luta contra a discriminação sexual e o feminismo, por outro. Esta é talvez a área em que é mais importante combater as concepções monolíticas do Islã que hoje prevalecem no ocidente. As lutas contra o capitalismo global e a favor de uma globalização contra-hegemônica devem ter presentes as diferentes formas de poder e opressão de que se alimenta a reprodução da desigualdade e da discriminação – classe, sexo, raça, casta, orientação sexual ou opção religiosa – e lutar contra todas elas. No contexto do Islã, em geral, e do Islã fundamentalista, em particular, a luta contra a discriminação sexual parece ser uma das mais difíceis. Este é um tema em que a modernidade ocidental e o Islã parecem mais distantes. Tanto assim que

---

54. Ao longo deste livro, enfatizo que, no caso do Islã, bem como no caso de todas as principais religiões, a incompatibilidade com a globalização contra-hegemônica se restringe às concepções e práticas expostas pelas teologias políticas fundamentalistas. Infelizmente, no caso do Islã, esta restrição nem sempre tem sido levada em conta pelos organizadores ou apoiantes das lutas contra-hegemônicas. Basta referir a controvérsia que rodeou a participação de Tariq Ramadan no Fórum Social Europeu em 2003. Ramadan é um dos intelectuais islâmicos que mais veementemente tem vindo a defender a congruência entre o Islã e as lutas contra-hegemônicas progressistas, ao mesmo tempo que critica os protagonistas dominantes destas lutas pela falta de abertura ao mundo islâmico. (2004). Um dos aspectos mais infelizes desta controvérsia foi a acusação de antissemitismo feita a Ramadan (Mannot e Ternisien, 2003). Felizmente, este sectarismo não foi suficientemente forte para impedir a participação de Tariq Ramadan no Fórum Social Mundial que se realizou em Túnis entre 26 e 30 de março de 2013.

uma das posições a favor dos direitos das mulheres no Islã parte da oposição fundamental entre o Islã e a modernidade ocidental a este respeito e apoia-se exclusivamente nesta última.[55]

O debate sobre a compatibilidade ou incompatibilidade entre o Islã e a libertação das mulheres tem dividido o movimento feminista. A tese da compatibilidade assenta na ideia do feminismo islâmico, a possibilidade de construir a partir do próprio Islã uma alternativa emancipatória ao feminismo secular ou uma abordagem compatível com esta. Esta ideia baseia-se em experiências protagonizadas por mulheres islâmicas de orientação pluralista e progressista, por vezes designada como reformismo islâmico.[56] Margot Badran, por exemplo, considera que o feminismo islâmico "transcende e erradica antigas dualidades. Estas incluem polaridades entre 'religioso' e 'laico' e entre 'Oriente' e 'Ocidente'". E acrescenta:

Saliento este ponto porque frequentemente existem aqueles que veem o feminismo islâmico como estabelecendo ou reconfirmando dicotomias. (...) Tenho vindo a afirmar que o

---

55. Manneke Budiman (2008, p. 73) relata como, na Indonésia pós-Suharto, em face de tendências islâmicas radicalizadas, "os movimentos de mulheres ( ) tiveram de refazer a imagem do feminismo em termos Indonésios para que não fosse descartado como uma ideologia ocidental e, simultaneamente, tiveram de desenvolver um contradiscurso próprio interno contra a interpretação dominante dos textos sagrados usando as mesmas fontes de conhecimento utilizadas pelos islamistas". Não é aqui o lugar para analisar as supostas "afinidades eletivas" entre a modernidade ocidental, sobretudo na sua versão liberal (primado do direito e dos direitos individuais), e a libertação das mulheres, nem de uma perspectiva oposta, o caráter patriarcal do capitalismo e os limites intrínsecos das lutas contra a discriminação sexual nas sociedades capitalistas. Sobre estes temas, ver uma boa visão de conjunto em Weisberg (1993).

56. Abordo esta posição e as suas potencialidades para um diálogo intercultural com os direitos humanos em Santos, 2006b, p. 433-70. Alguns autores veem mesmo possíveis articulações entre o feminismo islâmico e a teologia da libertação (Tohidi, 1997; Mojab, 2001). O debate sobre o feminismo islâmico é imenso. Ver, entre outros, Ahmed (1992), Yamani (org.) (1996), Karam (1998), Afsaruddin (org.) (1999), Mojab (2001), Abbas-Gholizadeh (2001), Shahidian (2002), Moghadam (2002), Barlas (2002), Gresh (2004), Ramadan (2005b), Ziba Mir-Hosseini (2006), Wadud (2006), Edwin (2006), Badran (2009), Ezzat (2001), Mernissi (1987, 1991, 1996), Shaik (2004).

discurso feminista islâmico (...) elimina barreiras revelando preocupações e objetivos comuns, começando pela afirmação básica da igualdade de gênero e da justiça social (2009, p. 245).

O feminismo islâmico parte das experiências de mulheres baseadas em países em que o Islã fundamentalista domina aqueles que lutam por reformas jurídicas ou interpretações da *shari'a* capazes de garantir a plena cidadania das mulheres.[57] Estas interpretações baseiam-se, frequentemente, num retorno ao Corão como instância crítica das interpretações "humanas" (*fiqh*) da *shari'a*. Por isso, Mir-Hosseini afirma:

> Argumento que as interpretações patriarcais da *shari'a* podem e devem ser desafiadas ao nível da *fiqh*, que é nada mais que o entendimento humano da vontade divina, isto é, o que somos capazes de entender sobre a sharia neste mundo ao nível legal. Por outras palavras, a *shari'a* é o ideal transcendental que encarna a justiça do islã e o espírito das revelações corânicas. Este ideal transcendental, que condena todas as relações de exploração e dominação, sustenta a causa das mulheres e a crítica das construções patriarcais das relações de gênero que podem ser encontradas não apenas no vasto corpus dos textos de jurisprudência mas também nas leis positivas que se reivindicam enraizadas nos textos sagrados (2006, p. 633).

Por sua vez, a tese da incompatibilidade tem sobretudo como referência os modelos das relações de sexo e as interpretações da *shari'a* dominantes em sociedades permeadas pelo Islã fundamentalista. Para alguns autores, "feminismo islâmico" é um oximoro, uma contradição nos termos:

---

57. Ver, por exemplo, Mir-Hosseini (1996, 2006). Salime (2011), Budiman (2008), Ebadi (2006).

Se por feminismo se entende um abrandamento nas pressões patriarcais, tornando o patriarcado menos revoltante, o "feminismo islâmico" é certamente uma tendência feminista. Mas se o feminismo é um movimento para abolir o patriarcado, para contribuir para uma sociedade na qual os indivíduos possam moldar as vidas livres de constrangimentos econômicos, políticos e culturais, então o "feminismo islâmico" mostra-se bastante inadequado por nunca desafiar o sistema tradicional patriarcal (Mojab, 2001, p. 131).

Existe ainda uma terceira forma de equacionar a relação entre o Islã e os direitos das mulheres que consiste no recurso xenófobo a discursos de antagonismo entre ambos como forma de islamofobia, isto é, como um lugar de enunciação daquilo que, verdadeiramente, se considera antagônico: o Islã e o ocidente. A polêmica em torno das leis de proibição do véu em diversos países da Europa constitui um exemplo desta pantomima de um suposto "feminismo", afinal islamofóbico, no qual embarcaram também algumas feministas.[58] Com toda a probabilidade, este é um tema que vai continuar a dividir os movimentos de mulheres islâmicas e os das suas aliadas não islâmicas. Uma das vertentes do debate e da luta política que me parece mais frutuosa é a de um feminismo crítico que tenta incluir no mesmo horizonte de análise, não só os limites do feminismo islâmico, mas também os limites do feminismo liberal ocidental. Em ambas as concepções está ausente uma crítica dos mecanismos que reproduzem as relações desiguais de poder, e por essa razão as desigualdades reais entre homens e mulheres são desvalorizadas ante o fetichismo jurídico da igualdade formal. O feminismo crítico torna assim mais complexa a relação entre Islã e modernidade ocidental.

---

58. Para uma visão panorâmica da manipulação xenófoba e islamofóbica dos discursos acerca dos direitos das mulheres islâmicas, ver, por exemplo, Al-Ali (2005), Coene e Longman (2010), Mohanty (1991), Okin (1999), Razack (2004, 2007), Skenderovic (2006), Spivak (2002), Toldy (2011, 2012).

CAPÍTULO 3

O caso do fundamentalismo cristão

Se o fundamentalismo islâmico levanta questões relacionadas com a rejeição da modernidade ocidental, a interpretação estática da *shari'a* (enquanto lei divina), a incompatibilidade com regimes democráticos e com os direitos das mulheres, o mesmo acontece, ainda que de formas diversas, com o fundamentalismo cristão, sobretudo protestante,[59] reemergente nos anos 1980, nos Estados Unidos da América (mas também na América Latina, na África e na Ásia) e conhecido como "a Nova Direita Cristã". A Maioria Moral e outras organizações similares como a Voz Cristã, a Mesa-redonda Religiosa e a Aliança Americana para os Valores Tradicionais tornaram-se grupos de pressão fazendo campanha por toda uma gama de questões de políticas públicas como o aborto, a homossexualidade, o ensino da teoria da evolução nas escolas, a ameaça do "secularismo humanista", a

---

59. Digo "sobretudo", porque existem também traços de fundamentalismo dentro da Igreja Católica, como veremos mais adiante.

legislação sobre os direitos das minorias e a oração na escola pública (Bruce, 1990, p. 479).[60] Segundo Casanova, a tendência dominante do protestantismo fundamentalista reestabeleceria, se pudesse, "a hegemonia cultural do protestantismo evangélico [para] re-cristianizar a constituição, a república, e a sociedade civil americana" (1994, p. 159). O argumento central destes movimentos fundamentalistas é que a sociedade moderna liberalizou a família, a educação e o aborto, o que é considerado uma traição aos valores cristãos. Defendem a menor intervenção do Estado na esfera privada: "Advogamos a promulgação de legislação de proteção da família que contrabalance a intervenção estatal que perturba a vida familiar, encoraje a restauração da unidade familiar, da autoridade parental, e do clima de autoridade tradicional (...) e reforce as relações tradicionais entre marido e mulher" (Falwell, 1980, p. 136). Preconizam igualmente o reenvio para o domínio privado de questões que os movimentos de emancipação, nomeadamente, das mulheres e dos homossexuais, remeteram para o espaço público. Segundo Falwell: "Devemos insurgir-nos contra a Lei de igualdade de direitos, a revolução feminista, e a revolução homossexual" (Falwell, 1980, p. 19). E pugnam, simultaneamente, pela cristianização das estruturas do Estado, como, por exemplo, as da educação: "Será o movimento da escola cristã e a restauração da oração voluntária nas escolas públicas que irá prover os meios para educar as nossas crianças nos conceitos de patriotismo e moralidade" (Falwell, 1980, p. 223). Para a Nova Direita, "O modo de vida Americano" deverá voltar a identificar-se com a "lei de Deus": "o viver corretamente deve ser restabelecido como um modo de vida Americano. (...) A autoridade moral da Bíblia deve voltar a ser reconhecida como o legítimo princípio condutor da nossa nação" (idem, p. 265). Em 1984, Richard

---

60. Uma boa análise sobre os grupos de pressão de Falwell pode ler-se em Bruce, 1980.

Viguerie, uma das figuras principais da Nova Direita Cristã, afirmou que "os conservadores devem trabalhar para o dia em que a competição de Novembro [eleições presidenciais nos EUA] seja entre um Democrata conservador e um Republicano conservador. Aí poderemos ir pescar ou jogar golfe no dia da eleição sabendo que não importa se vence o Democrata ou o Republicano..." (Bruce, 1990, p. 479). Trinta anos mais tarde, esta declaração parece ser uma profecia cumprida.

Do ponto de vista da Nova Direita, a recristianização da sociedade americana passa também por uma articulação entre aquela que é considerada a ética cristã da responsabilidade e a economia de mercado. Gary North, presidente do Instituto para a Economia Cristã, em Tyler (Texas), apresenta as intenções do instituto desta forma:

> O IEC destina-se a defender que a ética bíblica requer inteira responsabilidade pessoal, e esta ação humana responsável floresce mais produtivamente num enquadramento de governo limitado, de descentralização política, e de interferência mínima do governo na economia.[61]

North considera que as vozes que mais se fizeram ouvir nos últimos cinquenta anos foram aquelas que defenderam um Cristianismo social, o qual, no seu entender, é "francamente a favor da intervenção governamental". Na sua opinião (marcadamente teocrática),[62] os cristãos conservadores remeteram-se ao silêncio

---

61. Disponível em: <http://www.garynorth.com/freebooks/whatsice.htm>. Acesso em: 26 nov. 2012.

62. North é considerado um dos representantes da chamada "teologia do dominionismo". De acordo com o Observatório Teocrático, os adeptos do dominionismo entendem que a América é uma nação cristã, e que, portanto, os cristãos têm um mandato divino para retomar o controle sobre as instituições políticas, sociais e culturais. No entanto muitos dominionistas ficam aquém de uma tomada de posição que pode ser chamada teocrática. É a versão "suave" do dominionismo. A versão "dura"

por estarem convencidos de que qualquer declaração política de qualquer tipo a respeito da vida social e econômica seria sempre ilegítima. Os resultados desta opinião têm sido universalmente devastadores. A imprensa popular assume que os radicais que falam em nome de Cristo são representativos da sua congregação religiosa (ou, pelo menos, a imprensa alinha nesta ilusão). O público está convencido de que falar sobre questões sociais em nome de Cristo é ser radical. *Os Cristãos estão a perder por omissão.*

Segundo North (1997), a "fórmula da riqueza" para o crescimento econômico de uma sociedade está em seguir a lei de Moisés:

Moisés entregou a Israel a fundação judicial do crescimento econômico de longo prazo. Pela graça de Deus, a nação poderia aderir à lei Mosaica. Esta iria produzir o crescimento populacional e a riqueza *per capita* prometida por Moisés. Mas Deus, na sua soberania, não permitiu a Israel obedecer. A oportunidade foi perdida. Mas isto não significa que o enorme potencial de crescimento de longo prazo não estivesse à disposição de Israel. Se Israel tivesse continuado a crescer ao ritmo a que a população mundial tem crescido desde 1776, a ocupação da terra teria sido completada há milênios atrás. Mas não era o tempo de Deus. A taxa de crescimento da população vai variar até ao momento em que Deus determine que o tempo deve acabar. Vamos ficar sem tempo antes de ficarmos sem matérias-primas, espaço e novas ideias produtivas. O tempo é o limite crucial para o crescimento, não a natureza.[63]

---

do dominionismo é explicitamente teocrática ou "teonômica", como os Reconstrucionistas Cristãos preferem ser chamados. Disponível em: <http://www.theocracywatch.org/dominionism.htm>. Acesso em: 26 nov. 2012.

63. Disponível em: <http://reformed-theology.org/ice/newslet/bet/bet97.02.htm>. Acesso em: 26 nov. 2012.

A teologia da prosperidade ("Gospel prosperity") constitui outra forma de legitimar religiosamente a economia capitalista e as desigualdades sociais daí resultantes. Partindo do pressuposto de que Deus quer que o ser humano seja próspero, considera que este é incapaz de o ser por si próprio, sendo Deus o princípio legitimador da riqueza e do enriquecimento. Gaynes, por exemplo, pergunta-se "se é ganância desejar bens materiais". E responde:

> Ser rico não significa seres ganancioso ou mau. (...) Ganância é quando dizes, "Eu quero isto, e não quero que tu o tenhas." Não é ganância quando dizes, "Eu quero muito, e tu também." Se acreditares que não existe um limite para a abundância de Deus, então todos deveriam ter o que querem, e mais ainda. O dinheiro é como o amor, quanto mais dás, mais tens. O amor é um recurso ilimitado, e o dinheiro também, e ambos foram criados por Deus para enriquecer as nossas vidas e para nos permitir viver de forma plena, feliz e completa. (2005, p. 19).

Nesta perspectiva, o Estado social é considerado uma tentativa sacrílega de substituir o papel regulador de Deus e uma forma de tornar os indivíduos "preguiçosos". Como nos diz Kenneth Hagin:

> No tempo da Igreja primitiva, os governos não tinham quaisquer programas de bem-estar social. A Igreja tomava a seu cargo os seus próprios necessitados, incluindo viúvas e órfãos. (...) Nós afastamo-nos disto; o governo trata de tudo; o governo é quase Deus. Mas Paulo disse que os parentes das viúvas deveriam tomá-las a seu cargo. E disse que os crentes devem trabalhar com as suas próprias mãos para ganhar o seu sustento. (...) Um homem que vive à conta de outras pessoas está na realidade a roubá-las. E já que tocamos no assunto, as pessoas que vão à igreja e não contribuem com

nada – que nunca pagam os seus dízimos ou entregam ofe-
rendas – estão a roubar o resto das pessoas. Querem ser
abençoadas, mas querem que o seu semelhante pague por
isso. Estas pessoas devem abandonar o caráter do ladrão e
adotar o de Jesus. Ele era um doador! (1985, p. 11-2).

Murray chama a atenção para o impacto econômico destes
movimentos fundamentalistas (carismáticos e pentecostais),
também designados como "renovaristas" ("renewalists"), tendo
em mente o seu papel no reforço da hegemonia neoliberal e a sua
expansão à escala global: "Com mais de 500 milhões de crentes
em todo o mundo, o Renovarismo representa um dos movimentos de fé em crescimento mais rápido em todo o planeta – especialmente entre as massas populares em diferentes regiões do
mundo em desenvolvimento" (2012, p. 266). Segundo Murray,
este fenômeno gerou um grupo demográfico com ligações transnacionais que partilha a mesma concepção do mundo e as mesmas formas de ativismo dentro dos Estados, entre diferentes
Estados, sociedades e mercados. Os movimentos "renovaristas"
não só estruturam um mercado financeiro global, pelo fato de
fazerem circular financiamentos de umas igrejas e comunidades
para outras em nível interno, externo e global, como têm criado
esquemas de microcrédito orientados para apoiar o empreende-
dorismo cristão e "associações cristãs de negócios de nível regio-
nal, nacional e global com o objetivo de organizar os homens [e
as mulheres] de negócios cristãos e promover a sua influência
sobre os mercados" (Murray, 2012, p. 270). Além disso, estes
movimentos também influenciam o mercado de trabalho, de
forma direta:

à medida que as populações rurais migram em massa para
os novos centros de desenvolvimento industrial, em especial

em partes da África subsaariana e na América Latina, as instituições, os intelectuais e as forças renovaristas estão disponíveis para ajudar estes migrantes a dar sentido à sua nova existência. Proporcionam-lhes uma nova concepção do mundo que lhes atribui um papel individual dentro e entre Estados, sociedades e mercados (Murray, 2012, p. 270).

Existe também uma vertente católica de legitimação divina do capitalismo. Embora o Papa João Paulo II (1991), a par de uma crítica feroz ao marxismo, tenha feito uma forte crítica ao capitalismo como sistema econômico, sobretudo pelo consumismo e materialismo, alguns autores católicos vêm tecendo elogios ao capitalismo como sendo o sistema que dá mais oportunidades aos pobres. Michael Novak, muito apreciado em faculdades e cursos de economia de instituições católicas, é autor da obra *The Spirit of Democratic Capitalism*, cujo argumento é resumido assim por ele:

> É compreensível que a defesa *prática* do capitalismo seja fácil de apreender. Nenhum outro sistema eleva tão rapidamente o nível de vida dos pobres, melhora tão completamente as condições de vida, ou gera maior riqueza social e a distribui mais amplamente. Na longa competição dos últimos cem anos, nem as experiências socialistas ou do terceiro mundo foram capazes de um melhor desempenho na melhoria da vida das pessoas comuns, no pagamento de melhores salários, ou na multiplicação de liberdades e oportunidades (1982).[64]

---

64. Discurso pronunciado perante a Mont Pelerin Society no Sri Lanka, em janeiro de 2004. Disponível em: <http://old.nationalreview.com/novak/novak200402180913.asp>. Acesso em: 27 mar. 2013.

Para uma outra leitura senão laudatória, pelo menos acrítica do capitalismo, na qual a justiça parece ser substituída por critérios caritativos e filantrópicos, veja-se a atual corrente do "amor na gestão", em voga, atualmente, por exemplo, em países europeus em crise e defendida por alguns gestores de topo. O amor é apresentado como "o critério de gestão empresarial". Ver Leite (2012).

A expansão dos movimentos fundamentalistas cristãos por todo o mundo, quer por meio da missionação proselitista, quer por meio dos recursos eletrônicos, tem um impacto político importante. Ao expandir-se, estes movimentos também se "indigenizam". No Brasil, por exemplo, o neopentecostalismo ou terceira onda do pentecostalismo é um capítulo do evangelicalismo que congrega denominações oriundas do pentecostalismo clássico ou mesmo das igrejas cristãs tradicionais (batistas, metodistas etc.). Uma boa parte destes movimentos possui ou utiliza canais de televisão, rádio, jornais, editoras e portais ou páginas *web* próprias. Hoje, os neopentecostais formam a segunda maior bancada do Congresso Nacional do Brasil com 59 parlamentares, o que explica que nas três últimas eleições o debate eleitoral tenha estado centrado na questão do aborto, e não em temas como a economia, a habitação ou a educação, ou que Marco Feliciano, um pastor da Igreja Evangélica Assembleia de Deus, se tenha tornado presidente da Comissão Parlamentar para os Direitos Humanos e proposto uma lei controversa conhecida como "cura gay", que, caso fosse aprovada, permitiria aos psicólogos tratar a "homossexualidade" como uma doença.[65]

A extraordinária difusão do fundamentalismo cristão é um fenômeno de cultura de massas, não de cultura popular. Esta última, tão importante para as teologias da libertação, assenta na valorização do autêntico e autóctone, do que corresponde a uma identidade específica, contextualizada no tempo e no espaço. A densidade cultural e vivencial desta autenticidade exige um esforço de tradução intercultural da parte da mensagem e dos mensageiros e mensageiras cristãos para que a evangelização não surja como um ato de violência pura e dura. Ao contrário, as correntes

---

65. Confrontado com protestos massivos, Marco Feliciano foi forçado a demitir-se e a proposta de lei foi retirada da agenda parlamentar.

fundamentalistas, sobretudo as neopentecostais, transformam a sua *performance* no único contexto relevante e para ela congregam o estranho e o familiar, o inteligível e o ininteligível, o ancestral e o hipermoderno, como se fossem componentes homogêneos do mesmo artefato religioso. Como diz Lehmann, referindo-se à Igreja Universal do Reino de Deus, no Brasil, uma próspera multinacional religiosa, "adota imprecações, gestos e símbolos retirados diretamente dos cultos de possessão [do candomblé e umbanda, religiões afro-brasileiras], mas sem nenhum sinal de uma teoria identitária ou autoctonia. Estas práticas são simplesmente tomadas de empréstimo porque os líderes ou os pregadores acreditam na sua efetividade" (1999, p. 613).

Não estamos, pois, perante movimentos que rejeitam a participação nas estruturas econômicas e políticas, em nome de uma nostalgia teocrática pura e simples, mas sim perante estratégias de envolvimento nessas mesmas estruturas, utilizando os mecanismos que lhes são próprios, com o objetivo de influenciar a sua agenda. Isto é particularmente notório, desde há décadas, na influência exercida pela Nova Direita na política e na legislação norte-americanas, a diversos níveis: George W. Bush foi eleito com o apoio massivo destes setores (ainda que também com o apoio de católicos tradicionalistas, tema ao qual regressarei). Nas eleições para o seu mandato de 2000-2004, "os protestantes evangélicos foram os maiores apoiantes do presidente Bush nestas eleições, dando-lhe quase nove em cada dez dos seus votos" (Green, 2009, p. 320).[66] Davidson & Harris (2006) não hesitam em considerar

---

66. O apoio dos setores conservadores do protestantismo aos candidatos republicanos mantém-se consistentemente. Vejam-se os dados avançados por The Pew Forum on Religion & Public Life (http://www.pewforum.org/Politics-and-Elections/How-the-Faithful-Voted-2012-Preliminary-Exit-Poll-Analysis.aspx#rr): "No extremo oposto do espectro político, oito em cada dez protestantes evangélicos brancos votaram em Romney (79%), comparados com os 20% que apoiaram Obama. Romney recebeu muito

os cristãos teocráticos nos Estados Unidos como uma "nova forma de fascismo", uma vez que defendem: a imposição da pena de morte a defensores do aborto, homossexuais e a mulheres que não se adaptem aos papéis de sexo tradicionais; a legitimidade de manter não cristãos presos durante a guerra; permissão que as crianças abandonem a escola pública e regressem à escola doméstica; o uso da Bíblia como critério de verdade para a ciência. Além disso, consideram o Iluminismo como anticristão, tal como a democracia liberal decorrente da Revolução Francesa.

A questão dos direitos das mulheres, tal como no caso do fundamentalismo islâmico, constitui um critério relevante para a identificação do fundamentalismo cristão. Na Igreja Católica, segundo Casanova, o *aggiornamento* do Concílio Vaticano II operou uma transformação que "assumiu o caráter de uma reforma oficial, relativamente uniforme e rápida vinda de cima que encontrou uma fraca contestação e pôde ser facilmente aplicada ao mundo católico, gerando como resultado uma notável homogeneização da cultura católica pelo menos entre as elites" (2005, p. 101). Apesar disso, largos setores da Igreja Católica não teriam qualquer problema em subscrever como suas as afirmações do supracitado mentor da Nova Direita Americana, Jerry Falwell,

---

apoio por parte dos eleitores evangélicos tal como George W. Bush em 2004 (79%) e mais apoio dos evangélicos do que McCain em 2008 (73%). Os eleitores mórmons mantiveram-se firmes ao lado de Romney; quase oito em cada dez mórmons (78%) votaram em Romney, enquanto 21% votaram em Obama. Romney recebeu a mesma percentagem de apoio por parte dos mórmons que Bush havia recebido em 2004. Em comparação com eleitores sem filiação religiosa ou judeus votantes à esquerda e evangélicos brancos e mórmons votantes à direita, os católicos e os protestantes brancos de congregações convencionais estiveram mais divididos. Resultados de preferências à boca das urnas revelam que 54% dos brancos protestantes votaram em Romney, enquanto 44% votaram em Obama. Isto é virtualmente idêntico à eleição de 2008, quando 55% dos protestantes brancos votaram em McCain e 44%, em Obama. Os católicos brancos deslizaram fortemente na direção republicana em relação a 2008. Em 2012, quase seis em cada dez católicos brancos (59%) votaram em Romney. Três quartos dos católicos hispânicos votaram em Obama. No seu todo, os católicos distribuíram as suas preferências mais equitativamente (50% votaram em Obama, enquanto 48% votaram em Romney)."

quando este afirma que: "Deus Todo-Poderoso criou o homem e a mulher biologicamente diferentes e com necessidades e funções distintas. Criou o homem e a mulher para se complementarem e amarem um ao outro" (1980, p. 150). Do mesmo modo, a Igreja Católica não hesitou em associar-se aos governos mais reacionários de países islâmicos para tentar contrariar as formulações da Plataforma de Pequim relativas aos direitos reprodutivos das mulheres.[67]

À luz das análises neste capítulo e nos capítulos anteriores, torna-se evidente que os desafios colocados pelas teologias políticas aos direitos humanos e as formas como estes se relacionam com processos contraditórios de globalização requerem uma análise mais específica e diferenciadora. É isso que me proponho fazer nos capítulos seguintes.

---

67. Para mais informação sobre o tema, ver, por exemplo, Bayes e Tohidi (2001) e Madigan (2010).

CAPÍTULO 4

Os direitos humanos na zona de contato das teologias políticas

A emergência das teologias políticas gera novas zonas de contato entre concepções rivais de ordem social e transformação social com as novas formas de turbulência política, cultural e ideológica daí derivadas, que têm impacto nos direitos humanos de uma forma muito particular. Em geral, as zonas de contato são campos sociais em que diferentes mundos da vida cultural se encontram, medeiam, negociam e confrontam. Zonas de contato são, portanto, zonas em que ideias, conhecimentos, formas de poder, universos simbólicos e modos de agir rivais se encontram em condições desiguais e interagem de múltiplas formas (resistência, rejeição, assimilação, imitação, tradução, subversão etc.) de modo a dar origem a constelações culturais híbridas, nas quais a desigualdade das trocas pode ser reforçada ou reduzida. A complexidade é intrínseca à própria definição de zona de contato. Quem define quem ou o que pertence à zona de contato e quem ou o que não pertence? Como definir a linha que delimita a zona de contato? Será a diferença entre culturas ou mundos da vida normativa tão profunda que os torna incomensuráveis? Como aproximar os universos culturais e normativos de modo a trazê-los a uma distância "de contato visual", por assim dizer? Pratt define as zonas de contato como "espaços sociais em que culturas distintas se encontram, chocam entre si e se envolvem umas com as outras muitas vezes em relações de dominação e subordinação altamente assimétricas – como o colonialismo, a escravatura e as suas sequelas que sobrevivem hoje pelo mundo fora" (1994, p. 4). Nesta formulação as zonas de contato parecem implicar encontros entre totalidades culturais. Não tem de ser este o caso. A zona de contato pode envolver diferenças culturais selecionadas e parciais, as diferenças que, num espaço-tempo determinado, se encontram em concorrência para dar sentido a uma determinada linha de ação. Além disso, hoje em dia, as trocas desiguais vão muito além do colonialismo e das suas sequelas, embora o colonialismo continue a desempenhar um papel muito mais importante do que se pensa num mundo supostamente pós-colonial.

A turbulência política, cultural e ideológica proveniente da emergência das teologias políticas lança uma nova luz sobre os limites da política dos direitos humanos a uma escala global. Neste capítulo, refiro as seguintes dimensões ou manifestações desta turbulência: a turbulência entre princípios rivais; a turbulência entre raízes e opções; a turbulência entre o sagrado e o profano, o religioso e o secular, o transcendente e o imanente.

A turbulência entre princípios rivais

A turbulência entre princípios rivais deve ser analisada no contexto da conhecida tensão inerente ao discurso e à prática dos direitos humanos resultante da discrepância entre princípios e práticas. De fato, esta discrepância é muito mais antiga que os direitos humanos. Está presente na maioria das culturas e sistemas sociais, mas adquire uma especial proeminência nas sociedades inspiradas pelo Cristianismo. No século XIII, São Tomás de Aquino (1265-1273 [1948]) identificou-a de modo lapidar ao criticar os cristãos do seu tempo por aquilo que designou por *habitus principiorum*, o hábito de invocar obsessivamente os princípios cristãos para se dispensar de os observar na prática. A modernidade ocidental herdou esse *habitus* e transformou-o num princípio de ação política, consagrado pelo constitucionalismo moderno: os catálogos de direitos humanos reconhecidos pelas constituições modernas têm vindo a tornar-se crescentemente inclusivos, mas as práticas políticas prevalecentes continuam a cometer ou tolerar violações, muitas vezes massivas, dos direitos humanos. Esta inconsistência atinge hoje níveis sem precedentes, particularmente depois de a globalização neoliberal ter baseado a legitimidade da mudança social em três princípios, todos eles altamente vulneráveis à discrepância entre princípios e práticas: primado do direito, democracia e direitos humanos.

As teologias progressistas têm desempenhado um papel importante no reforço do inconformismo perante a hipocrisia do pensamento e prática convencional dos direitos humanos. A clivagem social e econômica entre o Norte Global e o Sul Global expressam-se hoje sobretudo na discrepância entre princípios supostamente emancipadores e práticas que, em seu nome, contribuem para reproduzir a opressão e a injustiça, isto quando não provocam a destruição de países inteiros, como acontece hoje no Oriente Médio e no norte da África. Sempre que os direitos humanos são postos ao serviço de lutas contra-hegemônicas – sejam elas a luta pelo cancelamento da dívida dos países pobres, pelo acesso à terra e à água, pela autodeterminação dos povos indígenas etc. – são submetidos a um processo de reconstrução política e filosófica que torna ainda mais visível e mais condenável a discrepância entre princípios e práticas subjacente ao complexo hegemônico, liberal e imperialista dos direitos humanos.

A resiliência da discrepância entre princípios e práticas e a hipocrisia dos direitos humanos convencionais a este respeito têm alimentado a presente turbulência na zona de contato entre princípios rivais. O falhanço histórico dos direitos humanos "universais" na produção de modos de vida individual e coletiva consonantes com os seus princípios abriu espaço para a reemergência cultural e política de princípios alternativos. Os princípios dos direitos humanos são, deste modo, confrontados com outras gramáticas de dignidade humana, sejam elas subjacentes às teologias políticas, ou incorporadas nos modos de vida dos povos indígenas e nas suas cosmovisões ancestrais e não ocidentais. A clivagem entre princípios rivais é particularmente visível no conflito entre a globalização baseada no ocidente, seja ela hegemônica ou contra-hegemônica, e a emergência das teologias políticas não cristãs. Esta clivagem acrescenta novas dimensões à questão da justiça social global, na medida em que à injustiça socioeconômica se junta injustiça cognitiva, isto é, a longa história das relações desiguais entre diferentes tipos de conhecimento e entre diferentes formas de ver o mundo.

Na sequência de uma longa série de fórmulas – missão civilizadora, progresso, desenvolvimento e modernização – a globalização neoliberal prossegue com o projeto imperial global, baseado em princípios claramente ocidentais e cristãos inteiramente congruentes com os direitos humanos convencionais: a separação entre imanência e transcendência e uma concepção especular das relações entre ambas; a autonomia individual na economia e na política (o interesse comum assente na prossecução do interesse próprio); a secularização (a separação entre igreja e Estado e a transferência para o Estado secular da ideia de onipotência divina); separação entre natureza e sociedade e a concepção da primeira como um recurso inteiramente à disposição da segunda; o progresso como versão secular da redenção; a distinção entre o espaço público e o espaço privado, pertencendo a religião a este último.

Estas concepções chocaram-se sempre com outras concepções rivais. Os povos que entraram na zona de contato com a modernidade ocidental fizeram-no em condições de inferioridade forçada, como foi tipicamente o caso do colonialismo. Muitos foram forçados a abandonar as concepções que os tinham guiado antes de chegar à zona de contato, outros adotaram de modo mais ou menos voluntário os novos princípios ou apropriaram-se deles, conferindo-lhes outros sentidos. A força das novas concepções raramente residiu em si mesmas, mas antes no poder daqueles que as queriam impor. Ao longo de uma história multissecular, alternaram-se períodos de imposição mais ou menos violenta (entre a guerra e a conversão, entre a pilhagem e o comércio, entre o assimilacionismo e multiculturalismo).

A imposição de lógicas monoculturais assumiu muitas formas.[68] Em geral, produziu um vastíssimo conjunto de populações, formas de ser, de viver e de saber desclassificados por ser considerados, consoante os casos, ignorantes, inferiores, particulares, exóticos, perigosos, residuais ou improdutivos. Estas classificações

---

68. Analiso detalhadamente as monoculturas ocidentais e suas alternativas em Santos, 2006b, p. 93-166 e Santos, 2014.

foram estabelecidas de forma autoritária e sempre ao serviço de um projeto de dominação econômica, política, social e cultural.

Entre todos os povos, culturas e sociabilidades não ocidentais que foram sujeitos a este projeto colonial e imperial, os povos islâmicos estão entre aqueles que mais claramente definiram a submissão a esse projeto como uma derrota histórica. Para isso, terá contado a memória de períodos de grande florescimento cultural, político e social e mesmo de hegemonia em vastas regiões do mundo. A derrota e a memória desta transmitida ao longo de gerações terão contribuído decisivamente para que os povos islâmicos tenham sentido de maneira particularmente radical e dilemática as suas opções históricas: imitar a modernidade ocidental, os seus princípios e monoculturas, mas com isso perder a identidade, rejeitar o seu passado glorioso, tornar-se estranho a si mesmo (imitação, alienação e estranheza); ou, pelo contrário, rejeitar radicalmente a modernidade e arcar com os custos de continuar a viver num tempo moldado há séculos por princípios e monoculturas que lhes são adversos, os dominam e humilham (rejeição e projeto social alternativo). A primeira opção pareceu dominar no período acima referido do nacionalismo árabe (e que se estendeu muito para além do mundo árabe), quando a palavra de ordem era "modernizar o Islã". Hoje, a segunda opção parece dominar no seio do Islã político e a palavra de ordem é "islamizar a modernidade", ou, no caso das teologias fundamentalistas, rejeitar por completo a modernidade. É por essa razão que, na zona de contato entre direitos humanos e teologias islâmicas, esta segunda opção é hoje a que mais contribui para criar a turbulência entre princípios rivais.[69]

---

69. A complexidade das relações entre o Islã e a modernidade ocidental é bem ilustrada por Ebrahim Moosa quando escreve: "Tal como os trabalhos bem-intencionados de muçulmanos modernistas há

A turbulência entre princípios rivais decorre do inconformismo politicamente organizado perante a derrota histórica de um dado conjunto de princípios insubstituíveis – sejam eles a derrota da Igreja medieval (com o seu projeto cristão) ou a derrota do Islã pelo imperialismo ocidental – e a recusa de os considerar irreversíveis. Não se trata, neste caso, de medir distâncias, tanto mais que estamos perante conjuntos de princípios tidos à partida como incomensuráveis e todos reclamando supremacia absoluta. De certo modo, estamos perante monoculturas rivais. Nestas condições, a zona de contato tende a assumir um caráter particularmente confrontacional, e as negociações e composições só serão imagináveis com base em laboriosos procedimentos de mediação e de tradução intercultural.[70]

A turbulência entre raízes e opções

A segunda dimensão da turbulência na zona de contato com impacto nos direitos humanos é a turbulência entre raízes e opções.[71] Esse tipo de turbulência permeia todas as zonas de contato entre os direitos humanos e as teologias políticas, uma turbulência que afeta tanto a clivagem entre o Norte Global e o Sul Global como a clivagem entre o ocidente global e o não ocidente global. Esta turbulência particular levanta uma terceira

---

um século atrás, os muçulmanos progressistas correm o risco de se tornarem servos do poder. As modernizações do Islã conduzidas pelo Estado transformaram os muçulmanos progressistas em parceiros e servos dos mais brutais regimes autoritários do Egito ao Paquistão e da Tunísia à Indonésia. Os progressistas muçulmanos talvez tenham de levar em conta a importância de fazerem parte de uma sociedade com base democrática em vez de aplacar as elites" (2006, p. 127).

70. Em Santos (2006b, p. 433-70), proponho uma tradução intercultural entre os princípios dos direitos humanos e os princípios não ocidentais de dignidade humana.

71. Analiso o binômio raízes/opções com mais detalhe em Santos, 2006b, p. 51-92.

dimensão da justiça no coração da zona de contato, para além da justiça socioeconômica e da justiça cognitiva: a justiça histórica, pós-colonial. O que se segue aplica-se em geral às mudanças no binômio raízes/opções provocadas pelas teologias políticas, especialmente as fundamentalistas.

A construção social da identidade e da mudança na modernidade ocidental é baseada numa equação entre raízes e opções. Esta equação confere ao pensamento moderno um caráter dual: de um lado, pensamento de raízes, do outro, pensamento de opções. O pensamento de raízes é o pensamento de tudo aquilo que é profundo, permanente, singular e único, tudo aquilo que dá segurança e consistência; o pensamento das opções é o pensamento de tudo aquilo que é variável, efêmero, substituível e indeterminado do ponto de vista das raízes.

A maior diferença entre raízes e opções é a escala. As raízes são entidades de grande escala. Como sucede na cartografia, cobrem vastos territórios simbólicos e longas durações históricas, mas não permitem cartografar em detalhe e sem ambiguidades as características do terreno. É, pois, um mapa que tanto orienta como desorienta. Ao contrário, as opções são entidades de pequena escala. Cobrem territórios confinados e durações curtas, mas fazem-no com o detalhe necessário para permitir calcular o risco da escolha entre opções alternativas. Devido a esta diferença de escala, as raízes são únicas, enquanto as escolhas são múltiplas. A dualidade de raízes e opções é uma dualidade fundadora e constituinte, ou seja, não está submetida ao jogo que instaura entre raízes e opções. Por outras palavras, não há a opção de não pensar em termos de raízes e opções.

A eficácia desta equação assenta numa dupla astúcia. Em primeiro lugar, a astúcia do equilíbrio entre o passado e o futuro. O pensamento das raízes apresenta-se como um pensamento do passado contraposto ao pensamento das opções, que supostamente pertence apenas ao pensamento do futuro. Trata-se de uma astúcia porque, de fato, tanto o pensamento das raízes como o das opções são pensamentos do futuro. Nesta equação, o passado permanece largamente sub-representado. Esta sub-representação não significa esquecimento. Pelo contrário, pode manifestar-se como "memória excessiva" para usar a expressão de Charles Maier (1993, p. 137). Existe sub-representação sempre que a memória se transforma num exercício de melancolia que, em vez de recuperar o passado, neutraliza o seu potencial de redenção ao evocar o passado em vez de lutar contra as expectativas fracassadas.

A segunda astúcia é a astúcia do equilíbrio entre raízes e opções. A equação apresenta-se como simétrica: equilíbrio entre raízes e opções e equilíbrio na distribuição das opções. Efetivamente, não é assim. Por um lado, o predomínio das opções é total. É verdade que certos momentos históricos ou certos grupos sociais atribuem predominância às raízes, enquanto outros a atribuem às opções. Mas, em verdade, do que se trata sempre é de opções. Enquanto certos tipos de opções pressupõem o predomínio discursivo das raízes, outros tipos implicam a sua marginalização. O equilíbrio é inatingível. Consoante o momento histórico ou o grupo social, as raízes predominam sobre as opções ou, ao contrário, as opções predominam sobre as raízes. O jogo é sempre das raízes para as opções e das opções para as raízes; variando apenas a força dos dois vetores, enquanto narrativa de identidade e transformação. Por outro lado, não existe equilíbrio ou equidade na distribuição social das opções. Pelo contrário, as raízes não são mais que constelações de determinações que, ao definir o campo das opções, definem também os grupos sociais que lhes têm acesso e os que delas estão excluídos.

Alguns exemplos podem ajudar a concretizar este processo histórico. Antes de mais nada, é à luz da equação de raízes e opções que a sociedade moderna ocidental vê a sociedade medieval e dela se distingue. A sociedade medieval é vista como uma sociedade em que é total o predomínio das raízes, sejam elas a religião, a teologia ou a tradição. A sociedade medieval não é necessariamente uma sociedade estática, mas evolui segundo uma lógica de raízes. Ao contrário, a sociedade moderna vê-se como uma sociedade dinâmica que evolui segundo uma lógica de opções. Prova-o ao conceber como raiz fundadora o contrato social e a vontade geral que o sustenta. O contrato social é a metáfora fundadora de uma opção radical – a de deixar o estado de natureza para formar a sociedade civil –, que se transforma em raiz a partir da qual quase tudo é possível, tudo exceto voltar ao estado de natureza. A contratualização das raízes é irreversível, e este é o limite da reversibilidade das opções. A supremacia de conceitos como individualismo, cidadania, direitos humanos, sociedade civil, mercados, nação cívica e patriotismo constitucional na modernidade ocidental assinala a prioridade dada à lógica de opções, que, em qualquer dos casos, e, como acabamos de ver, são opções baseadas em raízes. Esta autodescrição da modernidade ocidental levou-a a conceber não só a sociedade medieval, mas todas as outras culturas e sociedades como baseadas em raízes e concomitantemente na supremacia do primordialismo, *status*, identidade, comunidade, etnicidade e nação étnica, omitindo o fato de que, em todas as sociedades, a lógica de raízes opera em articulação com a lógica de opções.

Quaisquer que tenham sido as suas experiências anteriores, as culturas que entraram na zona de contato com a modernidade ocidental foram obrigadas a definir-se em termos de equação entre raízes e opções. Ao definir os termos do conflito, a modernidade ocidental procedeu a uma redistribuição brutal do passado, do presente e do futuro dos povos e das culturas na zona de contato. Reservou para si o futuro e permitiu que coexistissem com ele vários passados, desde que todos convergissem num mesmo futuro, o seu. Ou seja, distribuiu aos povos e às culturas dominados passados neutralizados, sem capacidade de produzir futuros alternativos ao da modernidade ocidental. A descolonização e as independências em que esta se traduziu não significaram a ruptura com esta teoria da história. Em boa parte, prosseguiram-na, e é por isso que a zona de contato continuou a ser uma zona colonial, apesar de ter terminado o colonialismo político.

As afinidades surpreendentes entre a globalização neoliberal e as teologias fundamentalistas

A elevada turbulência que afeta a equação entre raízes e opções está destinada a ter um amplo impacto em todas as experiências e trajetórias sociais e culturais que se encontrem e confrontem na zona de contato, ainda que tal impacto seja diferenciado em função das assimetrias que fundam a zona de contato. Do lado da modernidade ocidental hegemônica, podemos constatar a radicalização das opções mediante a perda das raízes. O contrato social, que foi concebido como raiz fundacional da modernidade ocidental, está a transformar-se numa opção entre muitas outras. Assim deve ser lido o movimento neoliberal de recuo em relação ao contrato social e em direção ao contratualismo individualista e possessivo. Assim, o movimento fundacional do estado de natureza para a sociedade civil, inscrito na teoria política liberal, que se pensava ser irreversível, revela-se afinal reversível. Grupos sociais cada vez mais vastos que são expulsos do contrato social (pós-contratualismo) ou que a ele não têm sequer acesso (pré-contratualismo) tornam-se populações descartáveis. Sem direitos mínimos de cidadania são, de fato, lançados num novo estado de natureza, a que chamo fascismo social (2006b, p. 295-315). Nestas condições, as opções podem multiplicar-se indefinidamente, já que estão libertas dos constrangimentos das raízes. Na realidade – a realidade dos trabalhadores desempregados ou precários, dos trabalhadores mal remunerados, dos imigrantes, das famílias e dos estudantes endividados, das classes médias empobrecidas –, quanto maior é a autonomia abstrata para selecionar entre opções, menor é a capacidade concreta para fazê-lo.

Do lado das culturas e sociedades que foram historicamente colonizadas pelo capitalismo moderno ocidental e, em particular, nas culturas e sociedades islâmicas, está em curso um processo aparentemente inverso, o da radicalização das raízes (especialmente fortes no caso dos diversos fundamentalismos), a busca de uma identidade originária e de um passado glorioso suficientemente forte e vivo para fundar um futuro alternativo. Neste caso, as opções deixam de ter qualquer sentido na medida em que a única alternativa consiste em recorrer ao que não tem alternativa, a raiz fundadora. O radicalismo desta opção justifica-se pela ideia de que algo profundamente errado terá ocorrido na história para que um passado tão glorioso não tenha impedido a abissal humilhação do presente e o bloqueio total do futuro.

Apesar das muitas diferenças entre os dois processos de turbulência e de desestabilização da equação entre raízes e opções, nas sociedades ocidentais e nas sociedades islâmicas, existem entre eles semelhanças intrigantes. Por exemplo, os fundamentalismos cristãos e os fundamentalismos islâmicos partilham o mesmo medo abissal do futuro embora o expressem de formas distintas. O Islã fundamentalista exorciza o futuro com o recurso radical e politizado ao passado, convertendo-o num passado todo-poderoso, numa raiz que tudo funda e que não permite opções. Investe em um tipo de futuro que só pode ser concebido como o futuro do passado. O mesmo acontece com as teologias integristas cristãs, nas suas diversas versões. Exceto que, neste caso, devido à sua identidade ocidental, não é possível imaginar um passado não ocidental incontaminado por fatores que conduziram ao presente predicamento. O seu medo do futuro transmutou-se em um mal-estar radical (em casos extremos, mesmo suicida) perante a intolerável repetição do presente. Como bem mostrou Walter Benjamin (1977), recorre à repetição radical do presente como única substituição possível do futuro (o fim da história em muitas versões).

Uma segunda semelhança reside na polarização entre processos autoritários de despolitização e de repolitização conducente à extrema instrumentalização de questões de princípio. A instrumentalização das questões de princípio é claramente observável nas teologias fundamentalistas islâmicas. A politização do passado implica a instrumentalização dos atributos considerados questões de princípio e, como tal indisponíveis, nomeadamente a *sharia*. O Estado moderno destina-se a ser destruído ou ocupado e administrado de acordo com a lógica da regência religiosa. O princípio da soberania popular é inaceitável à luz da transcendente e onipotente vontade de Deus, tal como é transmitida pelos líderes religiosos. Estes são responsáveis apenas perante Deus e não perante um fórum democrático. A interpretação dada aos textos sagrados tem valor absoluto porque mais do que uma interpretação é, de fato, a verdade revelada.

No caso da globalização neoliberal, geralmente celebrada com entusiasmo pela maioria dos fundamentalismos cristãos, a erosão do contrato social como raiz torna possível o uso instrumental de todos os princípios que dele decorrem, nomeadamente o primado do direito, da democracia e dos direitos humanos. Os sintomas desta instrumentalização são múltiplos: níveis extremos de desigualdade social à luz dos quais a igualdade formal perante a lei se transforma numa piada cruel; concentração extrema de poder que esvazia o processo democrático e manipula a representação democrática ao ponto de se tornarem irreconhecíveis; preços de mercado para todos os valores sociais por meio dos quais a economia de mercado, socialmente útil, desliza para uma sociedade de mercado moralmente repugnante; a erosão dos direitos sociais e econômicos e a emergência de uma sociedade incivil ou do fascismo social que a acompanha; a chocante duplicidade de critérios na avaliação dos desempenhos dos direitos humanos; o Estado de exceção permanente, usando pretextos tão diversos como a guerra contra o terrorismo ou a austeridade econômico-financeira para controlar os cidadãos, promulgar leis secretas a serem adjudicadas por tribunais secretos, criminalizar o protesto social e erodir os direitos civis e políticos ao ponto de a cidadania se tornar indistinguível da sujeição.

Dada a instrumentalização radical a que estão a ser sujeitos, os direitos humanos tornam-se simultaneamente banais e estranhos no interior da própria modernidade ocidental. É cada vez mais evidente que a superioridade da modernidade ocidental só se sustenta com base na negação de tudo o que ofereceu historicamente como justificação da sua superioridade. A instrumentalização do primado do direito e dos direitos humanos é particularmente patente no caso do fundamentalismo cristão e das teologias integristas. A legitimidade estruturante das sociedades provém da lei de Deus, não das leis humanas. A total indisponibilidade do direito como raiz torna-se um disfarce para a sua livre instrumentalização como opção. Embora a teologia de Joseph Ratzinger não possua muitas das características de uma teologia fundamentalista (nomeadamente, a ideia da inerrância da Bíblia, por exemplo, e a sua consequente interpretação literalista), o seu pensamento político apresenta traços integristas. Atente-se, por exemplo, em duas afirmações suas – sobre a liberdade e sobre a legitimidade do Estado. Quanto ao conceito de liberdade decorrente da modernidade, diz Ratzinger o seguinte:

> Fundamentalmente, na Idade Moderna por trás do desejo radical da liberdade está uma promessa: sereis como Deus. (...) A finalidade implícita de todos os movimentos modernos de liberdade é ser, afinal, como Deus, não dependendo de nada nem de ninguém, não ser limitado na própria liberdade pela liberdade alheia. (...). A variação jacobina da ideia de libertação (chamemos agora assim aos modernos radicalismos) é rebelião contra o ser homem, uma rebelião contra a verdade, e, por isso – como Sartre viu com perspicácia – conduz o homem a uma existência de contradição a que chamamos inferno (2007, p. 219-20).

E quanto ao Estado, diz Ratzinger:

> Um Estado que por princípio se queira agnóstico em relação à religião e a Deus e que funde o Direito apenas sobre a opinião da maioria tende a reduzir-se ao nível de uma associação de malfeitores. Neste ponto devemos dar claramente razão à interpretação decisiva da tradição platônica, proposta por

Santo Agostinho: quando Deus é excluído, emerge a lei dos malfeitores, despudorada ou atenuadamente (1993, p. 90).[72]

Tanto na versão hegemônica da modernidade ocidental, a globalização neoliberal, como nas teologias políticas fundamentalistas, o autoritarismo alimenta-se do encolhimento do espaço público e da crise do Estado, reforçando-os. Resignação mais do que consenso politicamente negociado, conversão tomando prioridade em relação à conversação. De novo, apesar das muitas diferenças que os separam, a globalização neoliberal e as teologias fundamentalistas islâmicas e cristãs revelam dinâmicas destrutivas que se manifestam por meio de novos extremismos. Os seus nomes são, entre outros: guerra, mercado, *jihad*, terrorismo, guerra ao terror, terrorismo de Estado, leis antiterrorismo, neo-assimilacionismo, mártires, bombistas suicidas, heróis, combatentes inimigos, criminalização da imigração, populações descartáveis, *Patriot Act*, Guantánamo, unilateralismo, guerra preventiva, direito penal do inimigo, segurança nacional em lugar de segurança humana etc.[73]

A forma mais perturbadora de extremismo é o que designo por violência sacrificial. A violência sacrificial significa a imolação do que é mais precioso sob o pretexto ou com o propósito de o salvar. No caso do fundamentalismo islâmico, a violência sacrificial é levada a cabo contra o que é considerado como uma humilhação e opressão intoleráveis por parte do capitalismo

---

72. Olivier O. Roy traça um paralelismo entre aquilo que ele chama fundamentalismo evangélico e fundamentalismo islâmico. "O presente revivalismo religioso entre os muçulmanos europeus não é uma importação das tradições religiosas nascidas no Médio Oriente ou do mundo islâmico mais alargado. Antes reflete muitas das dinâmicas dos movimentos evangélicos americanos contemporâneos. Assim, não é de surpreender que, em vez de ser tolerante ou liberal, este movimento se baseie em dogmatismo, comunitarismo e escrituralismo " (2006, p. 131).

73. Ver também Almond, Appleby e Sivan, 2003.

ocidental e interesses imperialistas. No tocante às formas mais agressivas da globalização neoliberal (imperialismo e neocolonialismo), destrói-se a vida para "salvar" a vida; violam-se os direitos humanos para "defender" os direitos humanos; eliminam-se as condições para a democracia de modo a "salvaguardá-la". O Oriente Médio é presentemente um campo privilegiado para o exercício da violência sacrificial pelo capitalismo neoliberal (Iraque, Afeganistão, Líbia).[74] As duas formas de violência sacrificial, a islâmica e a ocidental, embora similares, não são simétricas. A verdade é que, perante a comunidade relevante para cada uma delas, ambas são justificadas como defensivas. Mas se os desequilíbrios extremos de poder destrutivo forem levados em conta, é difícil não ver a violência sacrificial islâmica como defensiva e a violência sacrificial de base ocidental como agressiva.

A turbulência a que está sujeita a equação entre raízes e opções na zona de contato mostra que o drama do Islã político fundamentalista é também o drama da modernidade ocidental hegemônica, apesar das diferenças evidentes, a mais evidente das quais é o fato de a modernidade ter do seu lado a força bruta do capitalismo global e da superioridade militar. E o mais trágico é que as dinâmicas próprias a cada um destes dramas impedem o reconhecimento das perturbadoras semelhanças entre eles. De fato, só uma profunda redistribuição social, política e cultural do passado e do futuro permitiria revelar que os dois dramas estão a olhar-se um ao outro no mesmo espelho. Essa redistribuição significaria o cumprimento da justiça histórica e pós-colonial, a terceira dimensão da justiça, ao lado da justiça social e da justiça cognitiva.

---

74. Sobre este assunto, ver Santos, 2014.

A turbulência entre o sagrado e o profano, o religioso e o secular, o transcendente e o imanente

Esta turbulência mostra, mais dramaticamente que qualquer outra, as clivagens entre os direitos humanos e a modernidade ocidental, de um lado, e as teologias políticas e, em particular, as teologias políticas fundamentalistas, do outro. Neste domínio, o que é mais evidente à partida são as diferenças radicais entre as concepções que se confrontam na zona de contato. As teologias políticas fundamentalistas (ou integristas) entendem a turbulência, neste domínio, como decorrente do fato de que ainda nem todo o profano foi reduzido ao sagrado, todo o secular ao religioso, todo o imanente ao transcendente. A religião deve ser onipresente e permear todas as dimensões da vida por igual. Este entendimento da religião, que é consensual no Islã, é convertido pelo islamismo político fundamentalista na arma política mais decisiva. Por outras palavras, a religião é convertida em arma política contra todos os vestígios de secularização deixados pelos projetos de modernização do nacionalismo árabe considerados fracassados.[75] Daí, o ataque frontal ao Estado laico, à separação entre espaço público e espaço privado e a todas as instituições que se pretendem regidas por normas estranhas à *shari'a*. O Islã fundamentalista político é um projeto geopolítico que se afirma como teopolítico. A sua universalização ocorre por meio da universalização da religião islâmica. Dado o seu confinamento territorial, o Estado não pode servir ao projeto de universalização do Islã, a menos que ele seja regido por líderes religiosos, cujo magistério e poder sejam extraterritoriais. O ressurgimento deste tipo de teologia política islâmica tornou-se

---

75. Para diferentes perspectivas sobre as raízes do nacionalismo árabe, ver, por exemplo, Hopwood (org.) (1999).

visível a partir da revolução iraniana de 1979 e consolidou-se nas três últimas décadas.[76]

O contraste entre esta posição e os pressupostos políticos subjacentes aos direitos humanos e à modernidade ocidental não podia ser maior. No caso da modernidade ocidental, a religião foi, desde cedo, transferida do espaço público para o espaço privado, um processo histórico conhecido por secularização. O seu momento fundador pode ser datado de 1648, com o Tratado de Westphalia, que pôs fim às guerras religiosas, conhecidas por Guerra dos Trinta Anos. A separação entre o poder espiritual da Igreja e o poder temporal do Estado moderno foi um processo histórico muito complexo que assumiu diferentes formas em diferentes países, regiões do mundo e períodos históricos. Não impediu, por exemplo, que a religião fosse posta a serviço do colonialismo como parte integrante da missão civilizadora.

Do mesmo modo, se é verdade que, para o Iluminismo, a religião foi considerada um anacronismo, sendo a sua remissão para o espaço privado entendida como uma fase de transição para o seu total desaparecimento, por outro lado, o poder do Estado moderno constituiu-se através de um complexo jogo de espelhos com o poder sagrado da Igreja, assumindo muitas das suas características sacramentais e rituais (Marramao, 1994, p. 23). Isso para não falar dos "valores cristãos" que, através das teorias do direito natural do século XVII em diante, tiveram um impacto decisivo na concepção dos direitos humanos. Além disso, e em um nível mais profundo, visto a partir "de fora", de uma perspectiva não cristã e não ocidental, o secularismo (que deve ser distinguido da secularidade)[77] é tão constitutivo do Cristianismo

---

76. Ver, entre outros, Fischer (1980) e Dabashi (1993).

77. A secularidade é uma postura filosófica e política que defende a separação entre o Estado e a religião, mas admite a presença de instâncias não seculares na esfera pública, enquanto o secularis-

como a religião cristã. O secularismo e a religião cristã fizeram parte do mesmo "pacote" colonial.[78] Foram também parceiros próximos na imposição da monocultura do conhecimento científico ocidental, através do qual tanto epistemicídio (supressão de conhecimentos indígenas, locais, camponeses e outros conhecimentos rivais não ocidentais) foi cometido (Santos, 2000; 2009b).

Um dos paradoxos desta concepção é o fato de a influência cristã coexistir com o direito da liberdade religiosa. Carl Schmitt defendeu efetivamente na sua obra *Teologia Política* que todos os conceitos do poder do Estado eram versões secularizadas de conceitos teológicos.[79] Este ponto de vista, centrado nos limites da

---

mo representa personificação da própria esfera pública e a única fonte oficial de razão pública, não deixando deste modo nenhum espaço para as instâncias não seculares no espaço público.

78. Isto é vivamente discutido por Nandy (1985, 1998), mesmo que não partilhemos das consequências que ele retira deste argumento. Do meu ponto de vista, tal como no caso dos direitos humanos e da globalização, há espaço para uma secularidade radicalmente democrática, descolonizadora e contra-hegemônica. Discutir este assunto detalhadamente vai além do propósito deste trabalho. As posições religiosas *vis-à-vis* secularismo são teológica e politicamente motivadas. Acima de tudo, são contextuais, tanto em termos históricos como sociológicos. Por exemplo, os muçulmanos na Índia, sentindo-se ameaçados pela emergência do extremismo hindu, tendem a ter uma visão particular do secularismo. Segundo Mushir Ul-Haq: "Se o secularismo coloca a vida quotidiana fora do controle da religião, isto constitui uma inovação sem precedentes na história islâmica por se tratar de algo inaceitável para os crentes. Mas se o secularismo indica apenas que o Estado não favorece nenhuma comunidade em particular no tocante a assuntos religiosos, acreditamos que esteja de acordo com a tradição islâmica que concede liberdade religiosa a todos os cidadãos. Este conceito de secularismo não é estranho a um muçulmano e, deste modo, não desencadeia um conflito entre a sua religião, o Islã e o secularismo" (1982, p. 177).

79. Aqui não posso alongar-me detalhadamente sobre as diferentes concepções de secularização e secularismo. Ver Toldy, 2007. Segundo Archer: "Mesmo se olharmos apenas para um pequeno subconjunto de sociedades ocidentais – as que se encontram enraizadas em tradições culturais, políticas e econômicas inglesas – teremos uma enorme variedade de possíveis resultados. Os Estados Unidos têm um Estado secular, mas não uma sociedade secularizada. A Inglaterra tem uma sociedade secularizada, mas não um Estado secular. E apenas a Austrália tem um Estado e uma sociedade secularizada. Deste modo, mesmo quando temos resultados semelhantes nas diferentes sociedades ocidentais, estes resultados são frequentemente alcançados através de caminhos distintos. Tanto os Estados Unidos como a França têm Estados seculares estabelecidos. Mas na França isto foi conseguido pela mobilização dos movimentos militantes antirreligiosos, enquanto nos Estados Unidos isso foi conseguido sem qualquer mobilização deste tipo. Do mesmo modo, tanto a Inglaterra como a França são sociedades fortemente secularizadas. Mas na França esta secularização foi acompanhada de con-

secularização nas sociedades ocidentais, tem vindo a ser de novo largamente discutido, em parte devido aos desafios colocados pelo Islã e, em especial, o Islã político. Como afirma Teresa Toldy: "as sociedades ocidentais parecem ter acordado do seu 'sonho secularista'" (2011, p. 8).[80]

Seja como for, a reivindicação da autonomia do poder do Estado *vis-à-vis* à religião é um dos atributos fundamentais da separação entre espaço público e espaço privado na modernidade ocidental. No entanto, talvez por esta mesma razão, o destino da religião na modernidade ocidental ficou intimamente ligado ao da distinção entre espaço público e espaço privado. A estabilização da religião foi o correlato da estabilização, por via da religião, das opressões e dos medos no espaço privado, tal como as teologias e as sociologias feministas têm vindo a mostrar convincentemente. Acontece que este espaço nunca foi ele próprio estabilizado, quanto mais não seja por se encontrar intimamente ligado às transformações em curso no espaço público.[81] A amplitude da esfera pública, concebida como o domínio do político,

---

flitos massivos entre o Estado e a Igreja, enquanto na Inglaterra estes conflitos foram limitados" (2001, p. 204). Ver também Casanova, 1994. Na década passada, as análises mais inovadoras do secularismo vieram do Sul Global. Ver, por exemplo, Bhargava (1998), com um enfoque específico na Índia. Ver também Connolly, 1999, e, mais recentemente, o tratado monumental de Charles Taylor, 2007.

80. O debate que decorre no Ocidente sobre o futuro do secularismo no Ocidente é outra das questões que não abordo aqui. Nos anos mais recentes, vários autores têm vindo a questionar o secularismo pela sua incapacidade de dar conta da "plurivocidade do ser", para usar a expressão de William Connolly (1999), ou seja, de evitar que outras crenças para além da crença secularista se expressem na esfera pública. Ver também Taylor (2007). Para uma incidência específica no direito, ver Fitzpatrick (2007). Este debate, reconhecido ou não, tem vindo a ser sustentado pela crescente visibilidade do "outro" dentro do Ocidente. Ver Asad (2003).

81. Fiorenza, por exemplo, chama a atenção para a produção de uma ideologia religiosa baseada numa dominação masculina estrutural, isto é, política, de raça e de classe, que se traduz numa opressão global, isto é, num sistema kyriocêntrico, numa pirâmide de múltiplas opressões (1992, p. 114 ss.). O patriarcado não é compreendido nos termos de um sistema sexual binário, mas sim como uma complexa estrutura piramidal de domínio político e de subordinação, estratificada segundo taxonomias de sexo, raça, classe, religião e cultura. E a religião constituiu e constitui uma peça importante do "discurso kyriárquico" (1994, p. 100).

foi desde sempre condicionada pela intensidade da democracia e das políticas públicas (especialmente das políticas sociais) do Estado democrático. Ao ampliar os campos sociais das relações não mercantis (na educação, na saúde e na segurança social), o Estado desenvolveu estratégias de legitimação e de confiança que foram correspondidas pela lealdade dos cidadãos para com o Estado (Santos, 2002). Ao mesmo tempo, estas estratégias permitiram a institucionalização dos conflitos sociais e dos debates públicos que suscitaram.

Nos últimos trinta anos, a partir de perspectivas políticas muito diferentes e mesmo opostas, a moderna distinção entre esfera pública e esfera privada tem vindo a ser posta em questão. Por um lado, foi questionada pelos movimentos sociais, sobretudo feministas e de gays e lésbicas, para os quais, contra o entendimento liberal, o espaço privado é também político e, por isso, devia ser objeto de debate público e de decisões políticas. Só assim seria possível pôr fim às opressões e discriminações produzidas e reproduzidas no interior do espaço privado. Assim, o espaço privado deixou de ser o limite do político para se transformar num dos campos do político. Paradoxalmente, esta expansão da esfera privada ocorreu em simultâneo com a contração da esfera pública. Diversos fatores contribuíram para o encolhimento do espaço público: a crise do Estado nacional, produzida ou agravada pela globalização hegemônica; a erosão das políticas sociais; a desinstitucionalização das relações entre trabalho e capital; o aumento do autoritarismo por parte de atores estatais e não estatais; a mediatização da política e a personalização do poder político; a privatização dos serviços públicos.

A relação de dupla vinculação entre a esfera pública e a esfera privada torna-se, assim, evidente. À medida que a esfera pública encolhe – e, em resultado disto, mais e mais dimensões da vida coletiva são despolitizadas –, a esfera privada, transformada no fundamento da autonomia política do indivíduo, expande-se simbólica e materialmente. A religião emerge como uma das características (e um dos motores) principais desta expansão. A fragilização das redes de segurança criadas pelo Estado Providência torna o indivíduo vulnerável ao medo, à insegurança e à perda de esperança. A religião sempre prosperou nessa vulnerabilidade, como bem mostraram há muito Feuerbach e Marx (Feuerbach [1841], 1957; Marx [1843], 1964). Pode também dizer-se que o recuo da transcendência secularizada do Estado convida à necessidade de uma transcendência alternativa que de fato esteve sempre presente.

Estas condições políticas e sociais têm sido terreno fértil para as teologias políticas conservadoras e para os seus ataques radicais à distinção público/privado, especialmente no caso das teologias fundamentalistas para as quais o tempo e o espaço sagrados têm um domínio absoluto sobre o tempo e o espaço profanos. Este ressurgimento das teologias políticas conservadoras é, aliás, bem visível desde meados da década de 1970 nas três religiões abraâmicas, o Cristianismo, o Judaísmo e o Islã. A teologia política alimenta-se do encolhimento do espaço público e aprofunda-o na medida em que põe fim ao debate cívico e democrático nas áreas da sua intervenção. Capitalizando na crise de legitimidade do Estado e na consequente crise dos valores republicanos, as teologias políticas conservadoras são simultaneamente a causa e a consequência da crise do projeto histórico da secularização.

São possíveis outros direitos humanos?

A análise precedente mostra a magnitude dos confrontos que ocorrem na zona de contato. De fato, trata-se de um amplo conjunto de zonas de contato, e as assimetrias de poder no seu interior são óbvias. Estas assimetrias derivam do caráter neoimperial e neocolonial da (des)ordem do mundo contemporâneo. As mais antigas têm quase mil anos se as datarmos desde as Cruzadas ou mais de cinco séculos se as datarmos desde a expansão europeia. O que há de novo é, por um lado, o âmbito e a intensidade dos fluxos na zona de contato e, por outro, as novas formas de medo e resistência. Estes novos aspectos são responsáveis pela fragilidade discursiva e prática dos direitos humanos nas zonas de contato. Quanto mais fortes são as perguntas que se suscitam, mais claramente se revela a fraqueza da resposta dada pelos direitos humanos.

Isto não significa que os direitos humanos devam ser descartados. Pelo contrário, nunca como hoje foi importante não desperdiçar ideias e práticas de resistência. Significa apenas que só reconhecendo as debilidades reais dos direitos humanos é possível construir a partir deles, mas também para além deles, ideias e práticas fortes de resistência. Esta reconstrução vai permitir que os direitos humanos se tornem um instrumento de luta, resistência e alternativa, ainda que limitado. A complexidade das interações, dos conflitos e compromissos na zona de contato manifesta-se nas três turbulências que identifiquei, resultantes da intensificação de outras tantas disjunções ou discrepâncias, entre princípios rivais, entre raízes e opções e entre o religioso e o secular. Estas disjunções intersectam com desigualdades de poder econômico, social, político e cultural e as turbulências decorrem da intensificação dos conflitos que elas suscitam. Vistas de uma perspectiva ético-política, as diferentes turbulências refletem diferentes dimensões da injustiça global constitutiva da ordem imperial na sua fase mais recente: injustiça socioeconômica, injustiça cognitiva (incluindo a injustiça epistêmica, sexual, racial e religiosa) e a injustiça histórica. Isto significa que as diferentes formas de injustiça social global não têm existência independente e que, em cada uma delas, todas as outras estão presentes. Mesmo assim, é possível e importante distingui-las para identificar os diferentes tipos de conflitos, de atores e resistências.

A turbulência entre princípios rivais é tão reveladora da injustiça socioeconômica como o é da injustiça cognitiva.[82] A primeira decorre, por um lado, das promessas traídas e, por outro, das muitas desigualdades e discriminações que não são consideradas violações de direitos humanos ou que são silenciadas pelos discursos e práticas dominantes dos direitos humanos. A injustiça cognitiva decorre do confronto, no nível da ação e da interpretação, entre paradigmas culturais, princípios éticos e formas de racionalidade distintos. A justiça cognitiva global apela a um novo relacionamento capaz de criar um cosmopolitismo vernáculo de baixo para cima.[83] Ou seja, uma nova relação, entre raças, sexos, tipos de saber e modos de ser. A fragilidade dos direitos humanos, no domínio da injustiça cognitiva global, decorre do fato de as concepções e práticas dominantes dos direitos humanos serem, elas próprias, produtoras de injustiça cognitiva. São-no, não pelos seus pressupostos serem ocidentais, mas pelo modo unilateral como, com base neles, se constroem pretensões universais abstratas. Também aqui a solução não é o relativismo, mas sim um novo relacionalismo.

A turbulência entre raízes e opções produz uma terceira dimensão da injustiça global, a injustiça histórica. A injustiça histórica está intimamente relacionada com a injustiça cognitiva, mas distingue-se dela por se centrar nas teorias da história que produziram uma distribuição injusta das possibilidades e potencialidades do passado, do presente e do futuro. Corrigir a

---

82. Sobre a injustiça cognitiva, ver Santos, 2014.

83. Sobre o cosmopolitismo subalterno, ver Santos, 2002, p. 465-70.

injustiça histórica significa, portanto, reparação, alternativas ao desenvolvimento capitalista, descolonização das relações entre Estados, bem como das relações entre povos e das relações interpessoais. Como resultado da injustiça histórica, foi atribuído ou imposto a muitos povos, culturas e sociabilidades um passado sem futuro por parte de outros povos, culturas e sociabilidades que reivindicaram para si um futuro sem o constrangimento do passado. Os primeiros foram obrigados a esquecer o passado e o futuro para poder viver o presente; os segundos transformaram o presente na instantânea ratificação do passado e no momento fugaz da ignição do *pathos* da transformação social futura.

Esta injustiça histórica só poderá ser relevada à luz de uma teoria e de uma prática histórica pós-colonial. E aqui reside a específica fragilidade da resposta dos direitos humanos neste domínio. Os direitos humanos são concebidos pelo pensamento e prática convencionais como a-históricos. Daí a dificuldade em serem reconhecidos os direitos coletivos de povos e grupos sociais vítimas de opressões históricas e a impossibilidade de ver nas violações dos direitos humanos, reconhecidas como tal, o sintoma de outras violações muito mais graves e massivas, ainda que não reconhecidas como tal.[84] Daí, finalmente, a impossibilidade de ver nas relações entre o Norte global e o Sul global, entre o Ocidente global e o não Ocidente global, insondáveis violações de direitos humanos.

Finalmente, a turbulência que diz respeito às relações entre o sagrado e o profano, o transcendente e o imanente, o religioso e o profano é aquela em que a colisão entre os direitos humanos

---

84. Em 2004, no Iraque, um exemplo revelador foi a forma como as violações dos direitos humanos dos prisioneiros em Abu Graihb foram denunciadas pela mídia mundial de maneira a ocultar uma violação imensamente mais grave dos direitos humanos: a invasão e ocupação do Iraque.

convencionais e as teologias políticas é mais frontal. A fraqueza da resposta dos direitos humanos neste domínio decorre de três fatores. Por um lado, os direitos humanos assumem a secularização como um fato consumado e não como um processo histórico, inacabado e cheio de contradições. Por outro lado, ignoram o seu próprio caráter inacabado e contraditório ao defender a secularização sem questionar as concepções cristãs e ocidentais da dignidade humana que lhes estão subjacentes. Finalmente, ao reduzir a questão da religião à questão da liberdade religiosa, os direitos humanos transformam a religião num recurso privado, num objeto de consumo desligado das relações da sua produção. Não podem, por isso, distinguir entre religião dos opressores e religião dos oprimidos.

À luz dos desafios colocados pelas teologias políticas, a reinvenção dos direitos humanos e a sua transformação num instrumento de emancipação social em diferentes contextos culturais exige um exercício de tradução intercultural (Santos, 2004; 2006a, p. 122-66) e hermenêutica diatópica (Panikkar, 1984; Santos, 1995, p. 273-78; 2006b, p. 433-70; 2014) através do qual as limitações recíprocas de concepções alternativas de dignidade humana possam ser identificadas, abrindo assim a possibilidade de novas relações e diálogos entre elas. A isto chamo *ecologia de saberes* (Santos, 2006b, p. 137-66; 2009b, p. 31-83; e 2014), um exercício epistemológico baseado na incompletude de qualquer tipo de conhecimento humano e destinado a identificar conhecimentos distintos e critérios de rigor e validade que operam credivelmente nas práticas sociais de modo a desenvolver interações criativas entre eles. O objetivo da ecologia de saberes é ampliar a legitimidade intelectual e cultural das lutas pela dignidade humana. A possibilidade e o sucesso deste exercício exigem neste ponto alguma especificação.

Segundo as teologias políticas tradicionalistas, os direitos humanos são uma usurpação secular dos direitos de Deus. Estes direitos divinos, tal como foram revelados à Igreja e aos líderes da Igreja, são a única fonte legítima de direitos e implicam mais deveres que direitos. À luz desta premissa, não é possível uma ecologia de saberes entre os direitos humanos e as teologias políticas tradicionais.[85] Da perspectiva destas, os direitos humanos, por ser uma construção humana, carecem de legitimidade para participar num diálogo com uma construção divina.

Ao contrário, encontro um enorme potencial para a tradução intercultural entre os direitos humanos reconstruídos e as teologias políticas progressistas plurais – sejam elas cristãs, islâmicas ou outras. De acordo com estas, as políticas convencionais de direitos humanos são pouco mais que hipocrisia política institucionalizada. Isto significa que outras concepções de direitos humanos, concepções contra-hegemônicas e interculturais, podem contribuir para fortalecer ou ampliar as lutas sociais ancoradas nestas teologias. O enriquecimento intercultural das concepções de dignidade humana não só irá fortalecer a legitimidade das lutas conduzidas em seu nome, como também ajudará a privilegiar as concepções que mais diretamente confrontam as

---

85. A ênfase nos deveres não é em si um obstáculo à tradução intercultural e a uma ecologia de saberes com os direitos humanos. Tal obstáculo apenas se apresenta quando os deveres são concebidos como emanando de um comando transcendental humanamente incontrolável e ininteligível. Uma concepção imanente ou profana da primazia dos deveres pode ser o móbil para diálogos frutíferos com as práticas e discursos dos direitos humanos. Uma famosa formulação deste tipo de concepção encontra-se numa carta de Mahatma Gandhi dirigida ao Diretor Geral da Unesco, em 25 de maio de 1947: "Aprendi com a minha mãe iletrada mas sábia que todos os direitos que se podem merecer e conservar provêm do dever cumprido. De tal modo que só podemos merecer o direito à vida quando cumprimos o dever de cidadãos do mundo. Com esta declaração fundamental, talvez seja mais fácil definir os deveres do Homem e da Mulher e relacionar todos os direitos com algum dever correspondente que há-de cumprir-se primeiro. Todos os outros direitos serão apenas uma usurpação pela qual não vale a pena lutar." (Unesco, 1948, p. 3. Disponível em: <http://unesdoc.unesco.org/images/0015/00155042eb.pdf>. Acesso em: 15 ago. 2013).

SE DEUS FOSSE UM ATIVISTA DOS DIREITOS HUMANOS

dimensões de injustiça social que identifico neste livro. Não penso que, no âmbito das teologias progressistas, esta tarefa seja excessivamente difícil. Por exemplo, o fato de o Islã não aceitar uma concepção secularizada da dignidade humana[86] ou o fato de as teologias cristãs considerarem que a dignidade humana radica na imagem e na semelhança com Deus[87] não constitui um obstáculo para que se encontrem nos seus livros e leis sagradas (*shari'a* e *Bíblia*) concepções de dignidade humana que, na prática, são comensuráveis ou compatíveis com a concepção de dignidade humana subjacente aos direitos humanos.

A emergência das teologias políticas teve pelo menos o mérito histórico de lançar uma nova luz sobre as limitações, peculiaridades e fragilidades das políticas dos direitos humanos convencionais. O trabalho de reconstrução ou mesmo de reinvenção dos direitos humanos não pode deixar de ser imenso, se os direitos humanos pretenderem abarcar todas as dimensões da injustiça global analisadas neste livro e fornecer respostas credíveis às perguntas fortes suscitadas pela injustiça global. Esse trabalho de reconstrução e de reinvenção dos direitos humanos não é uma utopia ou um objetivo demasiado longínquo ou remoto. De fato, está a ter lugar e assume formas surpreendentes. Assim, por exemplo, seria difícil até agora imaginar que a Constituição de um país adotasse uma nova relação entre natureza

---

86. Ver Moosa: "Deus é o único que concede direitos às pessoas, via autoridade revelada, embora a autoridade humana sirva de mediadora a estes direitos" (2004, p. 6). Neste espírito, An-Na'im escreve: "é preferível procurar transformar o entendimento que os muçulmanos têm daqueles aspectos da Shari'a, do que confrontá-los com uma escolha radical entre o Islã e os direitos humanos. Esta escolha constitui não só uma violação ofensiva da sua religião ou crença, como certamente resultará na rejeição pela maioria dos muçulmanos do próprio paradigma dos direitos humanos" (2006, p. 791).

87. Tamayo (2003c) refere que existe um fio condutor entre a Bíblia, a história do Cristianismo e a teologia que consiste na noção de que a relação entre Deus e o ser humano se estabelece onde libertação e dignidade humana se encontram.

humana e natureza não humana e que nessa linha consagrasse os direitos da natureza. Ora, é precisamente isso que determinam os artigos 71 e seguintes da Constituição do Equador aprovada por referendo nacional em 2008. Diz o artigo 71: "A natureza ou Pacha Mama, onde se reproduz e realiza a vida, tem direito a que se respeite integralmente a sua existência e a manutenção e regeneração dos seus ciclos vitais, estrutura, funções e processos evolutivos". É clara a influência da cosmogonia e da ontologia indígenas nesta concepção de natureza como Terra Mãe.[88]

Como tentei demonstrar, a fragilidade dos direitos humanos hegemônicos não reside apenas no fato de serem respostas fracas a perguntas fortes que nos confrontam no nosso tempo. Reside sobretudo no fato de os direitos humanos hegemônicos não terem sequer compreendido a pertinência, quanto mais a seriedade, de muitas destas perguntas fortes. A luta por uma política contra-hegemônica de direitos humanos deve começar por este reconhecimento. Logo que tal ocorra, abrem-se novas possibilidades para um intercâmbio mutuamente enriquecedor entre as políticas contra-hegemônicas das políticas dos direitos humanos e as teologias políticas progressistas. No capítulo seguinte, faço uma breve referência a algumas destas possibilidades.

---

88. Para uma análise destas inovações constitucionais e dos processos políticos que conduziram a elas, ver Santos, 2010.

CAPÍTULO 5

Para uma concepção pós-secularista dos direitos humanos: direitos humanos contra-hegemônicos e teologias progressistas

Os direitos humanos contra-hegemônicos que tenho vindo a propor neste livro só podem ser imaginados como lutas contra o sofrimento humano injusto, concebido no sentido mais amplo e abrangendo a natureza como parte integrante da humanidade. O século XX foi um século anti-humanista, por razões muito válidas. Em muitos aspectos, exerceu uma crítica progressista ao humanismo abstrato iluminista, o qual contribuiu para trivializar e silenciar tanta degradação humana causada pela dominação capitalista e por outras formas de dominação coniventes com ela, como sejam o patriarcado e o racismo. Outra fonte de anti-humanismo raramente reconhecida como tal é chamada "morte de Deus". Logo que a capacidade dos seres humanos para transformar a realidade se afigurou como potencialmente infinita, a modernidade ocidental tornou Deus supérfluo. De uma forma muito pessoal e dramática, Pascal apercebeu-se que sem Deus esta capacidade era também potencialmente destrutiva. Segundo Pascal, o pensamento de Deus é a forma mais elevada do pensamento humano ([1670] 1966). Privar os seres humanos do pensamento de Deus seria o equivalente a privá-los do cuidado pelos outros seres humanos. Esta formulação sumamente piedosa da presença de Deus foi plenamente (e perversamente) confirmada séculos mais tarde pela mais ímpia formulação de Nietzsche: a declaração da "morte de Deus" *Got ist tot* ([1882]1974). Nietzsche representa a plena realização do projeto moderno respeitante a Deus: do supérfluo à total inexistência. Ao contrário do projeto moderno, contudo, a morte de Deus em Nietzsche, em vez de significar o triunfo final dos seres humanos, representa a sua decadência final, o final dos seres humanos com capacidade para seguir imperativos morais ou procurar a verdade. As novas possibilidades caberão daqui em diante ao *Übermensch* proclamado por Zaratustra ([1883-85] 1998).

No início do século XXI, a religião e a teologia estão de volta. Não é tão certo que Deus esteja também de volta, pelo menos, não o Deus de Pascal, como garante último da humanidade concreta. Pelo contrário, a forma como as religiões e as teologias conservadoras e integristas hoje proliferam tornam Deus tão supérfluo quanto o Deus da modernidade ocidental. Deus transformou-se na marca de uma empresa econômico-política global de produtos divinos. Mas isto não é a história toda. Como referi nos capítulos anteriores, desde os anos de 1960 têm vindo a emergir teologias pluralistas e progressistas e práticas religiosas baseadas na comunidade, para as quais Deus se revela no sofrimento humano injusto, nas experiências de vida de todas as vítimas de dominação, opressão ou discriminação e nas lutas de resistência que elas promovem. Como consequência, prestar testemunho a este Deus significa denunciar este sofrimento e lutar contra ele. Tanto a revelação quanto a redenção, ou antes, libertação, têm lugar neste mundo, sob a forma de uma luta por outro mundo possível. Aqui reside a possibilidade de ligar o retorno de Deus a um humanismo trans-moderno concreto.

O meu argumento neste capítulo é de que um diálogo entre os direitos humanos e as teologias progressistas é não só possível como é provavelmente um bom caminho para desenvolver práticas verdadeiramente interculturais e mais eficazmente emancipadoras. Por meio de um autoenriquecimento mútuo, os direitos humanos e as teologias políticas progressistas podem aprofundar o potencial emancipador de ambos. O resultado será uma ecologia de concepções de dignidade humana, algumas seculares, outras religiosas, produto daquilo a que noutro lugar chamei hermenêutica diatópica (Santos, 1995, p. 273-78; 2006b, p. 113-43; 2014), um exercício de interpretação transformadora, orientada para a prática social e política, entre os *topoi* dos direitos humanos e os *topoi* da revelação e libertação das teologias políticas progressistas. Seguidamente, faço uma breve menção a algumas das formas que tal exercício poderá tomar.

O sujeito humano simultaneamente enquanto indivíduo concreto e ser coletivo

As teologias progressistas podem ajudar a recuperar a "humanidade" dos direitos humanos. Tanto do lado conservador como do progressista, o humano foi sequestrado desde que as abstrações iluministas demonstraram a vacuidade histórica do conceito. Partindo de perspectivas opostas, as teorias do fim da história e da morte do sujeito convergem para desacreditar a resistência individual e coletiva contra a injustiça e a opressão. O ceticismo crítico de Theodor Adorno, que declara a morte do indivíduo na sociedade de consumo e não consegue vislumbrar uma alternativa, é particularmente revelador sob este ponto de vista. Em *Prismen*, escreve: "O horror, contudo, é que o cidadão não encontrou um sucessor" (1955, p. 267). Por sua vez, a solução proposta pelo Marxismo – o sujeito de classe e o "novo homem" como agentes da história seguindo em frente – é hoje igualmente questionada, devido à sua incapacidade de combinar igualdade e liberdade, libertação e autonomia. As teologias progressistas têm estado atentas a estes dilemas, ao formular concepções historicamente concretas de dignidade humana em que Deus é o garante último da liberdade e da autonomia nas lutas que os sujeitos, tanto individuais como coletivos, travam no sentido de se tornar sujeitos da sua própria história.

Não é de todo surpresa que o teólogo Johann Metz, por exemplo, se baseie em Herbert Marcuse para defender que "a solidariedade e a comunidade não implicam um abandono do individual, antes resultam da decisão de indivíduos autônomos e que a solidariedade obtida é uma solidariedade de indivíduos, não de massas" (Metz, 1980, p. 69). Segundo Metz, "O Deus do Evangelho cristão é, no fim de contas, não um Deus de conquistadores, mas um Deus de escravos" (1980, p. 71). Deste modo, ser um sujeito na presença de Deus implica estar presente na luta contra a opressão e o ódio que impedem vastas populações em muitas partes do mundo de se tornar sujeitos e experimentar o mundo como coisa própria. Metz expressa bem a dialética do individual e coletivo quando escreve:

> Devido ao seu pressuposto escatológico contra qualquer conceito abstrato de progresso e humanidade, a Igreja protege o indivíduo contra a sua utilização instrumental (como recurso

material e meio) na construção de um futuro tecnológico e totalmente racionalizado. Critica a tentativa de ver a individualidade meramente como função de uma produção social controlada tecnologicamente (1968, p. 13).

Do mesmo modo, no que respeita à teologia, "foi sempre muito importante para a teologia política dar poder ao sujeito nas suas condições históricas e sociais concretas, e não a uma subjetividade abstrata" (Schuster e Boschert-Kimmig, 1999, p. 24).

A articulação entre o coletivo e o individual torna-se igualmente visível na forma como as teologias islâmicas progressistas encaram a luta pelos direitos das mulheres. Na perspectiva destas teologias, o critério para identificar "muçulmanos progressistas" consiste em saber quem

> luta por alcançar uma sociedade justa e pluralista através de uma abordagem crítica do Islã, uma busca incessante por justiça social, uma ênfase na igualdade de gênero como fundação dos direitos humanos, uma visão de pluralismo religioso e étnico, e uma metodologia de resistência não violenta (Safi, 2005, *apud* Duderija, 2010, p. 412).

Múltiplas dimensões do sofrimento humano injusto

De acordo com as teologias políticas progressistas, Deus está envolvido na história dos povos oprimidos e nas suas lutas de libertação. No caso das teologias cristãs, a história de Jesus mostra como Deus se torna pobre e desprovido de poder para que os oprimidos se possam libertar a si próprios da pobreza e da impotência. A ressurreição de Jesus é apenas uma metáfora para a liberdade de lutar contra a opressão. No caso das teologias islâmicas progressistas, em particular, das teologias feministas islâmicas, parte-se da afirmação corânica de que "Allah não oprime". E esta afirmação leva, por exemplo. Amina Wadud (2006, p. 4) a afirmar que: "segundo este raciocínio considero-me uma muçulmana crente que trabalha pela justiça *com base na minha fé*. Considero-me uma mulher muçulmana pró-fé e pró-feminista".

As teologias diferem de acordo com o povo, grupo social ou tipo de sofrimento específico que privilegiam. Múltiplas dimensões do sofrimento humano injusto são, assim, reveladas, uma ampla e densa paisagem de relações opressivas e de lutas pela justiça ao arrepio de qualquer teoria reducionista da história ou da emancipação social. Alguns exemplos bastam para ilustrar este fato.

A primeira geração das teologias da libertação latino-americanas centrou-se na desigualdade social moralmente repugnante. Incidiu a sua atenção nos pobres e nos excluídos, camponeses, trabalhadores rurais sem terra, desempregados, trabalhadores da indústria miseravelmente pagos, mineiros, novos escravos das plantações neocoloniais trabalhando em condições sub-humanas, moradores das favelas.[89] Nos anos seguintes, outras formas de opressão, como a discriminação sexual contra as mulheres, foram incluídas na reflexão e na prática teológica, dando origem a uma vibrante corrente de teologias feministas na América Latina e em outros lugares.[90]

---

89. Como mencionei atrás, a bibliografia sobre a teologia da libertação latino-americana é imensa. Do meu ponto de vista, Gustavo Gutierrez (1971, 2004) e Leonardo Boff (1973, 1986, 1997) representam a mais eloquente formulação da primeira geração da teologia da libertação. Leonardo Boff ilustra melhor que ninguém a capacidade dos teólogos da libertação para incluir novos tópicos de justiça social, como sejam a libertação dos povos indígenas e das mulheres e, mais recentemente, as questões ecológicas e a questão da nova ética ambiental (1997). Uma excelente análise marxista da teologia da libertação latino-americana pode ver-se em Löwy (1996). Ver também o importante trabalho de Tamayo (1993, 1996, 1999, 2003a, 2003b, 2004a, 2004b, 2006a, 2006b). Ver também as notas 22, 36 e 50.

90. De forma a captar a diversidade de abordagens que se encaixam na categoria de teologia feminista, refiro para além do trabalho de Soelle (1974, 2006), Loades (Org.) (1990); King (Org.) (1994);

A importância da teologia da libertação feminista é decisiva precisamente porque todas as religiões principais discriminam as mulheres. As teologias da libertação feministas desenvolvem áreas de reflexão que têm sido negligenciadas pelos teólogos da libertação masculinos. De acordo com Rosemary Ruether, estas áreas incluem: a questão da cultura e espiritualidade, o elemento de suporte pessoal e apoio comunitário muitas vezes ignorado a favor da ação social (Pílar Aquino, 1996; Pereira, 2002; Marcos, 2002; Ville, 2012); uma nova concepção da relação entre o humano e o natural que interliga a degradação ecológica e a injustiça social (Ress, 2006; Gebara, 1998); a incidência nas mulheres-igreja: pequenas comunidades, normalmente femininas, construídas com propósitos de apoio mútuo e conscientização, e que colaboram com outros movimentos sociais dentro e fora da igreja;[91] uma transformação abrangente das relações interpessoais e sociais que visa a transformação tanto de homens como de mulheres;[92] o reconhecimento da inter-relação nos sistemas sociais de vários tipos de opressão – gênero, classe social, raça etc. –, conduzindo a uma visão inclusiva da libertação que vai contra as visões modernistas direcionadas para um grupo oprimido específico, deixando outros tipos de opressão intactos (1991, p. 228-9).[93]

Nos anos 1980 e 1990, a diferenciação interna das teologias feministas seguiu um desenvolvimento similar ao que ocorreu

---

Kumari (Org.) (1999); Feminist Theology Workshop (2002); Aquino (Org.) (1988); Vuola (2002); Tamez e O'Connell (Orgs.) (2006); Ströher (2009); Toldy (2011, 2012). Para teologias feministas interculturais, ver Aquino e Rosado-Nunes (2006). Ver também as notas seguintes.

91. Nesta matéria, a obra de Elisabeth Schüssler Fiorenza constitui uma referência incontornável. Apenas a título de exemplo, ver Fiorenza (1993).

92. Para as questões da violência contra as mulheres ver, por exemplo, Bergesch (2006). Para uma perspectiva *queer*, por exemplo, ver Althaus-Reid e Isherwood (2007).

93. Baseada na mesma concepção ampla da teologia da libertação feminista, Welch (2000) desenvolve uma "ética do risco feminina".

no feminismo secular (feminismo branco, negro, classe média, terceiro mundo, *mujerista*, lésbico, indígena, *mestiza/o*). A fragmentação do ativismo feminista proveniente desta subcodificação levou Margaret Kamitsuka, que se autodenomina como uma "teóloga feminista branca", a argumentar que

> seria precioso poder recuperar as "teologias feministas" como um termo conscientemente neutro, não codificado, que pudesse, em determinados momentos, ser usado para referir a diversidade dos vários feminismos e de outros escritos teológicos femininos ainda não adjetivados (tendo sempre em conta o poder das posições hegemônicas para se autonomearem ou autoadjetivarem) (2004, p. 179).

A consciência da persistência de relações coloniais em Estados supostamente pós-coloniais trouxe para o centro da análise teológica a questão do racismo. Do mesmo modo, o sofrimento e lutas dos povos indígenas, as vítimas mais evidentes do racismo branco cristão, conduziu a uma nova perspectiva na teologia da libertação, a teologia indígena, ancorada tanto em religiões e espiritualidades cristãs como indígenas, tal como referi acima. Outras perspectivas da teologia da libertação latino-americana foram desenvolvidas a partir da experiência histórica da pobreza e discriminação dos *chicanos*, *la Raza*, dos *mestizos* (os filhos das mulheres indígenas derrotadas que os conquistadores violaram ou tomaram por esposas). A teologia da libertação *chicana* emerge assim, e, em algumas versões, a noção de *La Raza Cosmica* é articulada com o papel simbólico de *Nuestra Señora de Guadalupe* (Guerrero, 1987).[94]

---

94. Partindo do trabalho seminal de Virgilio Elizondo (1975), existe uma teologia hispano/latina especificamente centrada nas lutas sociais dos povos hispano/latinos que vivem nos EUA. Ver em Va-

A crítica pós-colonial por parte de teologias feministas está também presente nos feminismos islâmicos, nomeadamente, nas polêmicas em torno da *niqab* ou da *burqa*. Asmina Barlas comenta assim o caso da proibição da *burqa* na Holanda:

> A *burqa*, ao que parece, pode ser utilizada para justificar tanto a aniquilação como a assimilação dos muçulmanos em nome do universalismo ocidental. Este espectro, de aniquilação/assimilação, é um legado da "descoberta" das Américas quando os Anglo-Europeus foram confrontados com o problema do outro sob a forma de Ameríndios e o consequente desafio de dar sentido à diferença (2006, p. 9).

No final dos anos 1960, os direitos cívicos e o movimento pelo poder negro nos EUA ganharam uma componente teológica por meio do trabalho pioneiro do teólogo afro-americano James Cone (1969). Segundo Cone, o Jesus dos europeus brancos e o Cristianismo americano têm muito pouco a dizer aos milhões de afro-americanos privados dos direitos básicos, vivendo na fome e no desespero, apenas por a supremacia da sociedade branca os ter declarado inferiores e inúteis. Para Cone, o conceito teológico central nos espirituais negros é a libertação divina dos oprimidos pela escravatura (1972). A denúncia do racismo como sendo incompatível com a ideia de um Deus justo deu origem a uma nova perspectiva na teologia da libertação: a teologia negra.[95]

---

lentin (2002) um apelo convincente a que se vá para além da política da identidade e se tratem os temas mais amplos de economia política, da dominação de classe e do racismo, uma transformação na direção daquilo que designa por "teologia pública". Sob este ponto de vista é igualmente importante ter em conta as especificidades de uma teologia islâmica da libertação tal como é definida por Engineer (1990).

95. Sobre a teologia negra, ver, entre muitos outros, Evans, 1987; Kunnie, 1994. Para um olhar específico sobre o Caribe, ver, por exemplo, Erskine, 1998, e Gonzalez, 2006. As perspectivas caribenhas sobre a teologia da libertação colocam uma ênfase especial no colonialismo ainda muito presente nas instituições e práticas sociais, bem como na vida diária e nas próprias mentalidades. Daí as ideias de

A discriminação étnica e religiosa e a opressão, bem como o sofrimento humano injusto que têm causado ao longo da história, constituem outro tópico principal das teologias progressistas. No judaísmo, o sofrimento histórico dos judeus constitui o tema central da reflexão teológica. Mark Ellis, um dos mais eloquentes expositores da teologia da libertação, tem vindo a assinalar que a teologia judaica contemporânea demonstra uma intrigante falta de interesse pela teologia da libertação, um fato tanto mais intrigante quando é certo que o Êxodo, a narrativa da libertação do povo judaico e a tradição profética que iniciou, se encontra muito presente nas teologias da libertação cristãs. Eis a explicação de Ellis para este fenômeno:

> A comunidade judaica contemporânea que recentemente conquistou o poder (...) parece receosa – e talvez ameaçada – por este revivalismo profético na cristandade, uma vez que, no uso que faz do Êxodo e dos seus profetas, a teologia da libertação cristã fala daqueles que estão do lado subterrâneo da história, os marginalizados e oprimidos. A tradição judaica está a atrofiar sob o manto do poder político (2004, p. 145).

Esta explicação surge reforçada pela emergência de uma teologia da libertação palestina, uma teologia que, apesar de representar uma pequena minoria na região, tem produzido uma importante reflexão teológica por parte de cristãos árabes e palestinos sobre a opressão do povo da Palestina e seus opressores: o sionismo e o Estado de Israel.[96] Reconhecendo que o ímpeto

---

"descolonizar a teologia" ou da "teologia da descolonização" (Erskine, 1998). Maldonado-Torres adverte-nos contra o perigo de confundir "diferença colonial" com "diferença teológica" e defende como prioritária a descolonização do pensamento e das políticas na construção de uma verdadeira teologia da libertação (2006). Ver também os importantes trabalhos de Lewis Gordon, 1985a, 1985b e 2007.

96. Para uma panorâmica da teologia da libertação palestina, ver Robson, 2010. Para iniciativas e instituições palestinas de diálogo e ação ecumênicos, nesta perspectiva, ver: Al'Liqa' Center for

para o sionismo tem sido a história de um violento antissemitismo ocidental, os teólogos da libertação palestinos falam da transferência do pecado do Ocidente para o Oriente: atribuindo à população inocente da Palestina a expiação de um crime cometido pelos cristãos do Ocidente. "A recusa dos cristãos da Europa e da América em aceitar a sua responsabilidade por um milhão de judeus que eram seus irmãos, lançou um milhão de árabes para fora da sua pátria, a Palestina." (Ellis, 2004, p. 153). Da Declaração de Balfour em 1917 à fundação do Estado de Israel, da Guerra de 1967 ao subsequente desenrolar do conflito israelense-palestino, muito sofrimento e humilhação injustos foram impostos ao povo palestino com a cumplicidade da cristandade ocidental.

Aqui reside o núcleo da teologia da libertação palestina, de que Naim Ateek é um dos principais representantes. No livro *Justice and only justice: a Palestinian Theology of Liberation*, publicado em 1989, Ateek defende que o Velho Testamento se tornou problemático para os cristãos palestinos a partir do momento em que ele passou a ser utilizado para justificar o sionismo. Segundo Ateek, a história do sofrimento dos judeus na Europa é um prelúdio da colonização e ocupação sionista da Palestina. De fato, a sua versão pessoal da ocupação da sua terra natal, Beisan, trinta quilômetros a sul do Mar da Galileia, por soldados israelenses, apresenta semelhanças perturbadoras com o que aconteceu apenas duas décadas antes aos judeus na Europa Oriental e Central (1989, p. 7-13). A teologia da libertação palestina tem um interesse específico na mensagem bíblica, por

---

Religious & Heritage Studies in the Holy Land (Disponível em: <http://www.al-liqacenter.org.ps/eng/p_materials/Identity.php>), International Center of Bethlehem dar annadwa addawliyya (Disponível em: <http://www.annadwa.org/Con_Speeches.htm>) e ainda Sabeel Ecumenical Liberation Theology Center (Disponível em: <http://www.sabeel.org/>. Acessos em: 6 dez. 2012).

encontrar nela um caminho alternativo à confrontação e destruição tanto para palestinos como para judeus. Nas palavras de Ateek: "Deus tem algo de muito relevante e importante a dizer tanto aos oprimidos como aos opressores do Médio Oriente" (1989, p. 6).[97] Sobre a questão do Holocausto, formula o princípio que deveria preparar o terreno para uma paz honrosa para ambas as partes: "Devemos entender a importância e o significado do Holocausto para os judeus, e insistir para que os judeus entendam a importância e o significado da tragédia da Palestina para os palestinos" (1989, p. 168).

Jonathan Kuttab, por seu turno, chama a atenção para o potencial crítico da noção de "rule of law" do Antigo Testamento: esta baseava-se na limitação dos poderes dos governantes, em nome do reconhecimento de que Deus é o único senhor do universo. O fato de os governos de Israel terem caído na "idolatria da segurança nacional" (1992, p. 95) levou os palestinos a assumirem o papel dos profetas do Antigo Testamento, convertendo-os na voz e ação críticas desta idolatria. Mitri Raheb (1992) considera que, em face da situação em que os palestinianos se encontram, não cabe aos cristãos manter-se neutros: cabe-lhes colocar-se ao lado dos oprimidos. E Munir Fasheh afirma,

> temos de declarar, como árabes cristãos, que não somos parte da cristandade que ajudou a pilhar cinco continentes, escravizou os povos em muitas regiões, eliminou povos e civilizações na América do Norte e na Austrália, e ameaça agora os palestinos com um destino similar (1992, p. 67).

---

97. A obra magistral de Gottwald (1979), sobre a história primitiva e pré-monárquica de Israel e especificamente sobre os modos como a comunidade israelita se estabeleceu em Canaã, apresenta uma sólida análise histórica da coexistência entre diferentes povos na Palestina. Sobre esta longa história poderia ser desenvolvida uma teologia da libertação comum a judeus e palestinos.

SE DEUS FOSSE UM ATIVISTA DOS DIREITOS HUMANOS

Os árabes e os palestinos cristãos são uma minoria, o que pode constituir um outro fator de discriminação e sofrimento humano injusto. Este fato sobressai muito claramente numa outra perspectiva da teologia da libertação desenvolvida por cristãos na Coreia. A palavra coreana "minjung", que significa povo, deu o nome a esta teologia. A teologia minjung incide sobre a opressão dos cristãos coreanos sob os regimes ditatoriais que governaram o país durante mais de três décadas. Nas palavras de um dos seus mais distintos representantes, Suh Kwang-Sun David, a

> teologia minjung é uma criação dos cristãos que se viram forçados a refletir sobre a sua condição de discípulos cristãos nas salas de interrogatório em caves, em julgamentos, enfrentando tribunais de guerra, ouvindo alegações de acusadores, (...) em prisão domiciliária e com todas as suas atividades vigiadas vinte e quatro horas por dia. Os cristãos coreanos querem falar sobre aquilo que aprenderam e refletiram teologicamente e partilhá-lo com outros que, no seu contexto social e político próprio, procurem uma teologia relevante na Ásia (1983, p. 16).[98]

No seio do Cristianismo, ainda outra forma de sofrimento humano injusto tem sido objeto de reflexão teológica e ativismo religioso progressista: o sistema de castas, e, em especial, a luta dos dalits, também denominados de "intocáveis" na Índia. Os dalits representam cerca de 20% da população da Índia e, apesar das leis que proíbem práticas discriminadoras com base na casta, são-lhes negados ainda hoje os direitos humanos mais básicos e são discriminados no acesso ao emprego, à educação, aos serviços

---

98. Para uma perspectiva jesuíta sobre a teologia da libertação na Ásia, ver Arokiasamy, S. e Gispert-Sauch, G. (Orgs.), 1987.

públicos, aos templos hindus e, por vezes, mesmo à água. Vivem, segundo os seus líderes, numa situação de *apartheid*. A reflexão teológica sobre a sua opressão e libertação deu origem a uma teologia da libertação dalit (Irudayaraj, 1990).

Sem qualquer pretensão de ser exaustivo,[99] apresentei de forma breve algumas das perspectivas da teologia da libertação como ilustração das formas pelas quais a reflexão teológica e as suas práticas religiosas estão associadas com o envolvimento nas lutas pela transformação social progressista. As teologias da libertação estão contextualizadas social e culturalmente e por isso podem contribuir para aprofundar a consciência crítica de pessoas e grupos sociais concretos, oprimidos por formas igualmente muito concretas de relações desiguais de poder. Ao fazê-lo, podem contribuir para ajudar as pessoas e os grupos sociais a mudar os valores e as relações sociais e políticas existentes.

Sofrimento na carne

A trivialização do sofrimento humano nos nossos dias e a consequente indiferença com que encaramos o sofrimento dos outros – mesmo se a sua presença nos nossos sentidos é avassaladora – têm muitas causas. Entre elas, o impacto da sociedade de informação e comunicação – a repetição da visibilidade sem a visibilidade da repetição – e a aversão ao sofrimento induzida pela sua medicalização da vida. Contudo, em um nível mais profundo, a trivialização do sofrimento reside nas categorias que usamos para o classificar, sobretudo porque o sofrimento é, acima de tudo, uma desclassificação e desorganização do corpo.

---

99. Para uma visão geral das diferentes teologias da libertação no mundo, ver Tamayo (1993).

A tradição moderna ocidental, ao separar a alma do corpo, degradou este último ao concebê-lo como constituído por carne humana. Em consequência, a conceitualização (e dignificação) do sofrimento humano passou a ser feita através de categorias abstratas, sejam elas filosóficas ou éticas, que desvalorizam a dimensão visceral do sofrimento, a sua marca visível de experiência vivida na carne.[100]

Este processo de descorporalização por via de classificação e organização encontra-se presente mesmo nos autores que mais afirmaram a importância do lugar do corpo, de Nietzsche a Foucault e Levinas, para mencionar apenas alguns. Pela mesma razão, com exceção da visão – sempre privilegiada pela modernidade como instrumento de representação –, os nossos sentidos foram dessensibilizados para a experiência direta do sofrimento dos outros. A carne, tanto a carne do prazer como a do sofrimento, foi assim privada da sua materialidade corpórea e das reações instintivas e afetivas que esta provoca e cuja intensidade consiste em estar para além das palavras, para além de uma argumentação racional ou de uma avaliação reflexiva.

As religiões e as teologias não foram imunes a este instrumento biopolítico. Ao segui-lo, contudo, revelaram os seus limites e contradições. Por um lado, levaram ao extremo a repulsa pela carne como lugar do prazer, sempre associada ao sexo e às mulheres. Por outro, incitaram os crentes a assistir os corpos dos seus próximos sem outra mediação para além da compaixão. Deste modo, permitiram um acesso denso, direto e intenso à carne em sofrimento, totalmente distinto do acesso ao sofrimento possibilitado pela ciência médica, um acesso constituído por

---

100. O mesmo se passou com o corpo enquanto fonte de alegria através do recurso a ideais abstratos de prazer e beleza que domesticam as reações viscerais e as experiências potencialmente explosivas. Longe de produzirem corpos inertes, os códigos morais foram fundados neles.

distâncias epistemológicas (sujeito/objeto), categoriais e profissionais. É, para além disso, um acesso prático que, ao contrário do acesso médico, não procura um equilíbrio entre a compreensão e a intervenção. Concede prioridade absoluta à intervenção, em detrimento da compreensão.

Estas são as razões pelas quais as religiões permitiram a criação de uma ética de cuidado e de envolvimento baseada nas reações viscerais da intersubjetividade entre o eu e o próximo, ligações que são pré-representacionais e mesmo pré-éticas, constituídas por sensibilidades e disponibilidades que não necessitam de argumentos ou regras para serem fortes e evidentes. O lado negativo deste imediatismo do sofrimento é a sua despolitização. Foi precisamente isto que aconteceu no caso mais emblemático de sofrimento na carne numa das religiões monoteístas, o Cristianismo: a crucifixão de Jesus Cristo. A natureza altamente política deste sofrimento foi sequestrada pelo dogma da ressurreição, ou seja, por uma fuga do mundo, uma fuga que, ao contrário da viagem de Allah ao céu, não teve regresso. A figura histórica do Jesus Cristo dos evangelhos cristãos é obviamente diferente do Jesus Cristo do Corão e da tradição islâmica (Khalidi (Org.), 2001). A diferença tem muito a ver com o sofrimento carnal. Enquanto para os cristãos o que importa é a própria carne de Jesus e o seu sofrimento, uma vez que ele é a "Palavra incarnada", para a fé islâmica Jesus é um exemplo de piedade devido à sua proximidade com o sofrimento carnal dos outros, alimentando os famintos, curando os doentes, restituindo a vida. Como afirma Ayoub:

> Jesus considerado como o "Cristo", o "logos eterno", a "Palavra incarnada", o "Único Filho Gerado de Deus" e a segunda pessoa da trindade tem sido a barreira que separa duas

comunidades religiosas e que há muito tem obscurecido o sentido e o significado de Jesus, a "Palavra de Deus" para a fé e teologia muçulmanas (1995, p. 65).

O potencial contra-hegemônico das teologias progressistas reside na articulação que buscam entre a ligação visceral de um gesto assistencial, de um cuidado incondicional, e a luta política contra as causas do sofrimento como parte da tarefa inacabada da divindade. Na sua crítica do secularismo como uma forma velada de pluralismo restritivo (por excluir a religião enquanto modo legítimo de ser), William Connolly fala de "registros viscerais da subjetividade e intersubjetividade" como expressão de experiências muito intensas, trazendo energias insuspeitas à realização existencial, e aponta, como exemplo, os registros de subjetividade religiosa (1999, p. 27). Existe, assim, uma ligação entre a intersubjetividade visceral e a vontade radical, que analiso na próxima seção.

Uma vontade radical insurgente e um horizonte pós-capitalista

A religião institucionalizada pagou um preço elevado para encontrar um *modus vivendi* com a modernidade ocidental e com o Iluminismo: a privatização. Mas este movimento para a esfera privada teve um efeito contraditório. Por um lado, a religião foi banida do sistema político (o que, no entanto, não significou a incapacitação da igreja para interferir na política, como mencionei acima), mas, por outro lado, foi deixada entregue a si mesma, mais ou menos autorregulada na esfera privada. Isto significa que no interior da esfera privada a religião pôde manter um tipo de ligação pré-moderna ou transmoderna com as vidas das pessoas, tanto em termos de discursos como de práticas, uma ligação liberta das mediações políticas, culturais, discursivas e institucionais que dominaram, nos últimos dois séculos, outras mobilizações sociais (seculares) da esfera pública, muito particularmente o movimento operário e o movimento feminista.

Isto explica, pelo menos em parte, a razão pela qual as mobilizações religiosas que no nosso tempo reclamam a esfera pública são sustentadas por uma espécie de radicalismo que não encontramos na maioria dos movimentos sociais. Esta energia radical é usada pelas teologias tradicionalistas para recuar no tempo, até um tempo em que a igreja controlava as hierarquias sociais e políticas; mas também é usada pelas teologias pluralistas progressistas para lutar contra todas as hierarquias, opressões e discriminações por elas geradas. Enquanto as primeiras procuram conquistar o poder sobre uma esfera pública injusta e opressora, e por certo irão acabar por torná-la ainda mais injusta e opressora, as últimas lutam contra o poder, a injustiça e a opressão, quer ocorra na esfera pública ou privada, e independentemente das suas causas, incluindo as religiosas.

A ligação entre a teologia e a crítica radical do capitalismo constituem o núcleo da teologia da libertação. Como afirma Gutierrez: "o potencial libertador de uma fé reside na sua capacidade revolucionária para mudar a vida concreta dos povos pobres e oprimidos (...) o radicalismo político e evangélico encontram-se e reforçam-se mutuamente" (2004, p. 37-8). Jurgen Moltmann, um dos representantes das teologias políticas progressistas, interroga: "como posso eu viver como um membro do 'Primeiro Mundo' com algum tipo de decência em face do Terceiro?" (1982, p. 155). Fala de "revelação progressista" como uma manifestação da ligação entre o espírito cristão e o espírito da idade moderna, o qual "produz visões progressivamente melhores do mundo e da vida" (1967, p. 225). O progresso da sociedade humana é assim interpretado como um automovimento de revelação. Similarmente, Ignacio Ellacuría afirma que a história da salvação é a salvação histórica, ou seja, a realização histórica na sociedade (1977, p. 130). Afirmando a necessidade de uma perspectiva teológica do Terceiro Mundo informada pelo Marxismo e pela teoria da dependência, Ellacuría afirma: "é impossível ver a concretização da justiça sem uma revolução básica na ordem social e econômica, ou uma verdadeira realização do homem sem a criação de uma estrutura econômica adequada" (1977, p. 127).

Para as teologias políticas progressistas, a libertação, mais que a resistência ou a salvação, constitui a base de uma vontade radical de lutar por uma sociedade mais justa.

> Resistência – diz Dorothee Soelle – é a forma pela qual os seres humanos que são membros da burguesia branca – aqueles que normalmente participam na opressão e lucram com a exploração – participam nas lutas de libertação (...) Enquanto a salvação é a ação de alguém totalmente "outro", que trata com pessoas por salvar com o propósito de as salvar, a libertação é a cooperação entre Cristo e as pessoas (...) Ninguém pode libertar outra pessoa. O libertador é expressão e parte do movimento de libertação (...). Participar na luta é um pressuposto necessário do conceito de libertação (2006, p. 141).

O impulso para a interculturalidade nas lutas pela dignidade humana

Como mencionei acima, as concepções e práticas dominantes dos direitos humanos são monoculturais, e isto constitui um dos maiores obstáculos à construção de uma luta de baixo para cima, real e universal, pelos direitos humanos. A religião, pelo contrário, apenas existe como uma imensa variedade de religiões, tanto como diversidade entre as principais religiões quanto como diversidade dentro de cada religião.[101] No mundo ocidental esta diversidade é uma das consequências inesperadas da privatização da religião. Como argumentei noutro lugar (1995), os três princípios da regulação social moderna ocidental são o Estado, o mercado e a comunidade. Nos últimos duzentos anos, o princípio do Estado e o princípio do mercado têm disputado a precedência na regulação social (enquanto o "capitalismo organizado" do século XX assumiu a precedência do princípio do Estado, o neoliberalismo, no nosso tempo, assume a precedência do princípio do mercado). O terceiro princípio, o da comunidade, foi sempre negligenciado, sempre concebido como um adjuvante do Estado ou do mercado. Esta negligência permitiu ao princípio da comunidade evoluir livremente fora dos limites da burocracia e da estandardização mercantil e, portanto, de uma forma muito menos monocultural e monolítica. Afastada do Estado e do mercado, a religião refugiou-se na comunidade, um domínio de regulação social menos estandardizado e mais aberto à diversidade.

Apesar dos reveses e das falhas (seletividade arbitrária, tentação de afirmar uma única verdade revelada, ausência de consequências práticas), os diálogos ecumênicos e inter-religiosos são o testemunho de um potencial para a interculturalidade no domínio da religião. Se estes diálogos fossem mais coerentes e

---

101. Teólogos de diferentes denominações e orientações têm vindo a perguntar-se por que a antiga diversidade religiosa é hoje vivida de formas inteiramente novas, "new age", dando origem a um novo tipo de reflexão teológica, a "teologia do pluralismo religioso". Ver Hick e Knitter (1987), Dupuis (1997) e Knitter (2002).

ativamente praticados, poderiam funcionar simultaneamente como uma poderosa memória e um campo de experimentação para diálogos mais amplos, envolvendo concepções religiosas e não religiosas de dignidade humana. Em tempos recentes têm sido feitas algumas tentativas corajosas de realizar tais diálogos nas condições políticas mais desfavoráveis. Dois exemplos entre muitos. No Oriente Médio, as contribuições de Naim Ateek e de Mark Ellis, em especial, *Four elements of a Jewish response*, que constitui a resposta deste último às teologias da libertação cristãs (2004, p. 163-202). Na Índia, saliente-se o nome de Asghar Ali Engineer (1998), o intelectual islâmico e líder do movimento defensor de um muito necessário diálogo entre o Islã e o hinduísmo. Em alguns países, como sejam o Paquistão e Israel, diálogos intrafé são tão difíceis e carregados de consequências como os diálogos interfé. No caso do Paquistão, o trabalho de Fazlur Rahman (1982, 2000) é particularmente eloquente a este respeito.

Muito além dos diálogos inter-religiosos, penso que o pensamento religioso, em geral, oscilou entre o dogmatismo estrito e a ortodoxia, por um lado, e o questionamento vibrante dos textos, práticas, regras e instituições, pelo outro. No tocante ao último, roçaram muitas vezes a heresia e sofreram consequências drásticas, mas o mais notável é que, nas suas reflexões, foram além dos materiais religiosos familiares, beberam em culturas estranhas outros tipos de conhecimento e filosofias, imergiram espontaneamente nos detalhes das experiências do dia a dia, interagindo com mercadores, artesãos, prostitutas, e retirando consequências teóricas imediatas destas experiências e discursos. Por outras palavras, quando decidiram ir às raízes das verdades estabelecidas por conta própria, os pensadores religiosos tenderam a ser mais *bricoleurs* do que quaisquer outros pensadores, misturando, de formas inovadoras e caóticas, fragmentos de diferentes proveniências com os quais criaram novos sentidos e interpretações. Para poder fazê-lo adotaram epistemologias que em termos contemporâneos seriam consideradas como conhecimento posicional ou situado. Destacaram-se por ocupar as zonas de contato entre as diferentes culturas e formas de saber, fronteiras, encruzilhadas, *nepantlism* (a palavra azteca para "dividido entre caminhos"), zonas intermédias nem exteriores nem interiores, nem familiares nem estrangeiras, nem sujeito nem objeto, condições de exílio sem deixar de pertencer à comunidade. Em certo sentido, anteciparam o estádio intermédio, o *estar--entre* epistemológico sem o qual os intercâmbios interculturais não poderiam ser bem-sucedidos.

Encontramos estes pensadores em todas as tradições religiosas. Na tradição cristã, podemos pensar em Santo Agostinho e Nicolau de Cusa e em Ghazali para o Islã. O trabalho magistral de Ebrahim Moosa (2005) trouxe recentemente este último à nossa atenção. De acordo com Moosa, Ghazali – um proeminente intelectual islâmico de origem persa, que viveu nos séculos XI e XII da era cristã – inspirou-se nas mais diversas fontes islâmicas e não islâmicas, da Bíblia hebraica à filosofia grega, das experiências de viagem às experiências místicas. Viu-se a si mesmo numa posição de encruzilhada ou de patamar, no *dihiliz*, a palavra que designa o espaço intermédio entre a rua e o interior da casa. Quando visto da rua, o *dihiliz* é interior e, quando visto do interior da casa, é exterior (2005, p. 45). Isto explica por que é que neste espaço Ghazali se podia sentir simultaneamente como estando no exílio e como estando dentro da sua própria casa.[102]

---

102. Como todos os grandes líderes religiosos, Ghazali é uma figura controversa, pois para muitos intelectuais islâmicos ele foi responsável pela redução do pluralismo no interior do Islã.

Raimundo Panikkar, teólogo católico, filho de pai indiano e hindu e de mãe catalã católica romana, pode ser igualmente considerado como um exemplo de teólogo e pensador "numa posição limiar", visto ter desenvolvido um pensamento cristão de expressão hindu. Na sua perspectiva, o Cristianismo, para ser realmente "cristão", "para pertencer ao mundo inteiro", deveria despir-se dos seus trajes ocidentais coloniais, que fizeram crer que o Cristianismo só seria viável por meio da cultura ocidental. E por isso perguntava-se: "Ser-nos-á possível admitir que existam limites à compreensão de Deus que recebemos das tradições semítica e greco-romana? Podemos admitir que existam também limites ao nosso entendimento de religião (...) e oração (...)?" (Panikkar, 2011, p. 117-8).

As narrativas de sofrimento e libertação

A linguagem privilegiada das permutas interculturais é a narrativa. Contar histórias gera um imediato e concreto sentido de copresença por meio do qual as experiências sociais que ocorrem em diferentes tempos, espaços e culturas se tornam mais facilmente acessíveis e inteligíveis, um tipo de copresença que não é possível atingir por meio da linguagem conceitual (seja ela técnica, filosófica ou científica). A narrativa, mesmo quando se trata de uma narrativa histórica, trabalha contra o tempo ao produzir um efeito de sincronismo e contemporaneidade que ajuda a converter o estranho em familiar e o remoto em coevo. Assim, a *memoria passionis* (uma categoria judaico-cristã) do mundo reside na lembrança e nas narrativas que recontam lutas exemplares de vida e de morte, de sofrimento e de libertação, de perdas e ganhos, que reforçam os sentimentos de alegria e medo, temor e espanto, vingança e compaixão, dos quais emerge de baixo para cima uma espécie de sabedoria partilhada do mundo.

Ao contrário da reconstrução histórica, a *memoria passionis* colapsa o passado, presente e futuro, vê forças nas fraquezas e possibilidades alternativas nas derrotas. A sabedoria que dela provém é tão contemplativa quanto ativa; é uma reserva mundial de lembrança e visão que converte o passado em energia que reanima o presente e potencia o *ainda não* ou o *talvez* do futuro. Deste modo, narrativas, histórias e parábolas estão sempre em aberto. Oferecem-se à reinterpretação e contextualização e, neste sentido, permitem uma contínua reinvenção da autoria ou coautoria. Os contadores de histórias são sempre coautores das histórias que ouviram dos seus predecessores.

Vejo aqui uma possibilidade para outro encontro frutuoso entre os direitos humanos e as teologias políticas progressistas. Narrar e contar histórias está na base da experiência religiosa, seja ela a de textos sagrados ou a de tradições orais sagradas. Além disso, mesmo a filosofia, a dogmática ou a exegese religiosas apenas se sustentam na medida em que assentam em acontecimentos, ditos e vidas exemplares concretas de pessoas e povos – sejam eles extraordinários ou ordinários, mas nunca anônimos. Operam por via de método de caso extremamente alargado, como podemos chamar-lhe, um método que permite o estabelecimento de uma conexão lógica entre as circunstâncias mais localizadas, específicas e mesmo únicas em que algo ocorreu ou foi dito, e as consequências e relevâncias mais abrangentes, gerais, trans-espaciais e trans-temporais. Em entrevistas paralelas, tanto Johann Metz como Elie Wiesel sublinham o papel central da narrativa no pensamento religioso (Schuster e Boschert-Kimmig, 1999). Como escreve Elie Wiesel: "Teologia não é mais que contar histórias" (1999, p. 94). Todos os profetas se exprimiam por parábolas para que os futuros crentes as pudessem reinterpretar à luz das suas próprias experiências e da sua liberdade intelectual.

Como nos diz Moosa:

> Os textos e as interpretações são, no fim de contas, histórias sobre acontecimentos. (...) A narrativa não é uma repetição verbal e literal das histórias, o seu propósito encontra-se na sua substância e significados. O que é único na narrativa é a sua capacidade de descrever um acontecimento passado como se este estivesse a decorrer no presente, isto é, no momento em que é expresso pela fala (2005, p. 67).

A natureza convencional do discurso dos direitos humanos reside não só numa certa promiscuidade cúmplice entre a proclamação abstrata dos direitos humanos e a resignação perante as violações sistemáticas dos direitos humanos, como sobretudo na trivialização do sofrimento humano contido nessas violações. Esta trivialização decorre em boa medida do discurso normalizado (em sentido foucaultiano) das organizações de defesa dos direitos humanos, com um forte componente estatístico que reduz ao anonimato dos números o horror da degradação humana e do sofrimento injusto. Neutraliza-se assim a presença desestabilizadora do sofrimento com base na qual seria possível fundar a razão militante e a vontade radical da luta contra um estado de coisas que produz de modo sistemático o sofrimento injusto. Pela sua insistência na narrativa concreta do sofrimento das vítimas e da sua luta contra os opressores, as teologias políticas progressistas podem contribuir para tornar o sofrimento injusto numa presença intolerável que desumaniza tanto as vítimas quanto os opressores, quanto ainda aqueles que, não se sentindo nem vítimas nem opressores, veem no sofrimento injusto um problema que não lhes diz respeito.

A presença do mundo antes ou para além da interpretação

A concepção intercultural dos direitos humanos que tenho vindo a defender (Santos, 2006b, p. 433-70; 2014) visa fortalecer tanto a legitimidade das políticas de direitos humanos em diferentes partes do mundo como radicalizar as lutas que podem ser travadas em seu nome. A noção de interculturalidade destina-se a tornar inteligível a ideia de que o propósito dos intercâmbios interculturais é a interpretação, produção e partilha de significados. Como já sugeri, esse significado não implica necessariamente uma linguagem conceitual, e narrar e contar histórias podem mesmo ser os instrumentos mais poderosos para tornar mutuamente acessíveis, inteligíveis e relevantes experiências sociais separadas pelo tempo, espaço e cultura.

É contudo necessário ir para além disto e demonstrar que, se uma ecologia de diferentes concepções de dignidade humana vai fundamentar uma luta mais abrangente e radical pela dignidade humana, isso pressupõe a criação de momentos particularmente intensos de copresença, momentos em que a presença precede o significado. A presença é a *coisa* ou materialidade sobre a qual se constroem os significados. Refere-se a corpos, sinais, sons, materiais na sua capacidade não semântica, isto é, no acesso direto ou imediato aos nossos sentidos. É uma forma de ser que, como Gumbrecht afirma acertadamente, "se refere às coisas do mundo antes destas se tornarem parte de uma cultura" (2004, p. 70). É por meio do seu significado que as coisas se tornam culturalmente específicas e muitas vezes também incomensuráveis ou ininteligíveis para outras culturas. Do meu ponto de vista, estas "coisas" não são exteriores à cultura, são parte dela, mas, paradoxalmente, de uma forma não cultural. Possuem a capacidade pré-representacional de serem exteriores ao pensamento e à consciência, ao mesmo tempo que os fundamentam a ambos. São materiais e operam no nível do instinto, da emoção e do afeto. Nas palavras colocadas por Nietzsche[103] na boca de Zaratustra: "Por detrás dos teus pensamentos e sentimentos, meu irmão, há um senhor mais poderoso, um guia desconhecido, chama-se 'eu sou'. Habita no teu corpo; é o teu corpo. Há mais razão no teu corpo do que na tua melhor sabedoria." Dos autores que chamaram a nossa atenção para a dimensão não semântica da interação e comunicação, Gumbrecht é o mais eloquente ao contrapor culturas que são dominadas pela presença (culturas-presença) e culturas que são dominadas pelo significado (culturas-significado) (2004, p. 79). Claro que em todas as culturas existe presença e significado, mas a ênfase em uma ou outra varia nas diversas culturas. A cultura moderna ocidental é uma cultura de significado, enquanto, por exemplo, a cultura medieval ocidental era uma cultura de presença.[104] Sugiro que algumas culturas não ocidentais são mais bem compreendidas como culturas de presença.

Especificamente, nas permutas interculturais, o papel da presença consiste em propiciar a geração de sentidos de comunidade, indiferentes à diversidade cultural e imediatamente evidentes. Uma pilha de corpos mutilados num campo de morte, o

---

103. Friedrich Nietzsche, *Thus Also Spoke Zarathustra*, trans. Thomas Common. (The Despisers of the Body). A Project Gutenberg e-Book. Disponível em: <http://www.gutenberg.org/files/1998/1998-h/1998-h.htm#link2H_4_0004>. Acesso em: 16 mar. 2013.

104. O mesmo argumento é proposto por Asad (1993, p. 63).

corpo esquelético de uma criança prestes a morrer de fome, a dor de uma mulher sobre o cadáver do seu jovem filho, a visão do corpo nu de uma mulher ou de um homem, uma posição extática, os movimentos corporais, os cheiros, os instrumentos e ingredientes na realização de um ritual, todas estas presenças são dotadas de um poder que parece relativamente autônomo em relação aos significados que lhe podem ser atribuídos.

Este não é o lugar para discutir o possível lugar da dialética da interpretação e presença na construção de novas práticas e pensamentos interculturais transformadores. Gostaria apenas de sublinhar o fato de que, também aqui, vejo uma possível contribuição da experiência religiosa progressista e da reflexividade teológica para fortalecer, expandir e radicalizar as lutas pelos direitos humanos. A presentificação do passado ou do outro por meio de ritos, rituais e sacramentos (por exemplo, a Eucaristia, especialmente no catolicismo) desempenha um papel central na experiência religiosa (Asad, 1993). A mesma evidência imediata que ultrapassa a estranheza e a diferença está presente em certos tipos de experiências religiosas, o misticismo no Cristianismo, a cabala no Judaísmo, o sufismo no Islã, a possessão do pai de santo ou da mãe de santo na Umbanda ou no Candomblé etc. Deste modo se gera um sentido intensificado de partilha e presença que, se for colocado ao serviço das lutas de resistência e libertação da opressão, pode contribuir para fortalecer e radicalizar a vontade de transformação social. Não é por um capricho proselitista ou por excesso de zelo que todas as reuniões, encontros, protestos e ocupações de terras organizadas por um dos movimentos sociais mais importantes do nosso tempo – o Movimento dos Trabalhadores sem Terra (MST) do Brasil – começam com aquilo a que chamam a "mística", um momento de silêncio, oração e canto, com os militantes de mãos dadas, em círculo, corpos físicos individuais transformando-se num corpo físico coletivo.

Canções e cânticos têm uma forte presença histórica nas lutas de resistência e libertação como forma de unir forças, vencer o desespero e ganhar coragem para lutar contra poderosos opressores. A presença por meio de canções e cânticos é uma forma de transcender o corpo sem nunca o abandonar, de transcender as diferenças em nome da harmonia necessária para uma tarefa prática em vista (que pode ser o canto em si mesmo ou alguma coisa para além disso), de construção de força material a partir de força simbólica. Aqui, de novo, as religiões dos oprimidos e as teologias da libertação a que deram azo em tempos recentes possuem uma preciosa experiência através da qual os direitos humanos podem ganhar novas vozes, nova vitalidade e novas forças. Já mencionei o papel dos *blues* e dos espirituais na teologia negra. Outro exemplo pode ser encontrado na maneira como a teologia caribenha da descolonização usa as canções redentoras de Bob Marley (Erskine, 1998) ou na forma como a teologia da libertação dos povos indígenas ou tribais da Nordeste da Índia enfatiza uma doxologia específica: a prática de louvar a Deus por meio do canto e da dança (Thanzauva, 2002, p. 269).

A espiritualidade das/nas lutas materiais pela transformação social

Devemos ter em mente que a distinção material/espiritual é uma distinção de base ocidental. Nas suas análises da epistemologia e da religião na África, Ellis e Haar argumentam vigorosamente que os modelos existentes de relacionamento entre a religião e a política são baseados na presunção de uma distinção estrutural entre o mundo visível ou material e o mundo invisível, considerando que esta distinção rígida não reflete as ideias sobre a natureza da realidade prevalecentes na África. Segundo eles, dentre as características mais marcantes das epistemologias africanas encontra-se a convicção de que os aspetos materiais e imateriais da vida não podem ser separados, embora possam distinguir-se entre si, tal como as duas faces de uma moeda podem ser distintas mas não separadas (...) a crença na existência de um mundo invisível, distinto mas não separado do visível, onde habitam seres espirituais com poderes efetivos sobre o mundo material (2007, p. 387).

Esta nota de precaução pode ajudar-nos a ter um entendimento mais profundo das lutas contra-hegemônicas pelos direitos humanos. As lutas contra-hegemônicas pelos direitos humanos visam a mudança das estruturas sociais que são responsáveis pela produção sistemática de sofrimento humano injusto. São lutas materiais no sentido em que o seu ímpeto político deve dirigir-se à economia política subjacente à produção e reprodução de relações sociais desiguais, mesmo quando essas relações estão menos direta ou linearmente ligadas à exploração capitalista e a uma hierarquia de base classista, como é o caso das relações que são objeto da política identitária convencional (discriminação sexual, racial, étnica, religiosa). São também lutas materiais no sentido em que pressupõem recursos políticos, financeiros e humanos para construir organizações e gerar militância.

Mas, para além de tudo isto, as lutas contra-hegemônicas pelos direitos humanos são muitas vezes de alto risco, incluindo o risco de vida, lutas contra inimigos muito poderosos e desprovidos de escrúpulos. Têm, portanto, de ser baseadas numa vontade política fortemente motivada, uma vontade que tem de ser tanto coletiva como individual, uma vez que não existe ativismo coletivo sem ativistas individuais. Sem esta vontade inconformista, rebelde e insurgente nenhuma luta social significativa contra a injustiça e a opressão institucionalizadas poderá ser bem-sucedida.

Do mesmo modo, esta vontade não poderá ser construída sem uma visão crítica simultaneamente radical e desestabilizadora da injustiça atual e sem visões credíveis de uma sociedade alternativa melhor. Nos últimos dois séculos, dominaram duas visões muito fortes de uma tal sociedade alternativa: o socialismo e a libertação do colonialismo. Estas visões estavam, por sua vez, relacionadas com duas visões críticas igualmente fortes das sociedades contemporâneas: a crítica anticapitalista e a crítica anticolonial. Por razões que não cabe aqui aprofundar, estas visões entraram em crise nos últimos trinta anos e esta crise é o outro lado do interregno ideológico e político que não nos permite ir além de respostas fracas às perguntas fortes suscitadas pela necessidade e mesmo urgência de uma transformação social progressista. O secularismo moderno impediu a religião de ter qualquer participação significativa nestas visões. Pelo menos no mundo cristão, a religião institucionalizada fez as pazes com as estruturas de poder existentes, por mais injustas, sequestrou a força motivadora contida na espiritualidade[105] e transformou os crentes em indivíduos em busca da salvação individual noutro mundo além da morte. Foi este tipo de religião que Marx tão acertadamente criticou.

No nosso tempo, como tenho vindo a discutir neste capítulo, as teologias políticas progressistas têm partido da crítica da

---

105. Panikkar: "Entendo por espiritualidade o conjunto de atitudes básicas anteriores à sua manifestação em teorias, ou ao seu desenvolvimento em práxis" (1988, p. 91).

privatização moderna da religião para desenvolver novas concepções de salvação e redenção que podem servir de fundamento às lutas pela transformação social, pela justiça e pela libertação. Para estas teologias a conversão a Deus implica uma conversão a um próximo necessitado. Abre-se, assim, a possibilidade de libertar uma nova energia na sociedade, injetando nas lutas sociais a força motivadora contida na espiritualidade. Reside aqui talvez a razão pela qual, nos últimos quarenta anos, muitos dos ativistas dos direitos humanos que pagaram com as suas vidas o empenho que puseram nas lutas pela justiça social eram adeptos da teologia da libertação em uma das suas muitas versões.

Como experiência concreta de religiosidade, a espiritualidade assume muitas formas distintas, e, nas principais religiões, formas diferentes predominaram em diferentes contextos históricos e geográficos. Por exemplo, no Cristianismo, no contexto da perseguição anterior à conversão do imperador romano Constantino, o martírio era considerado a forma mais elevada de testemunho, e o testemunho era considerado a forma ideal ou a forma cristã da espiritualidade. Muitos cristãos encaravam a sua morte como um "batismo de sangue" ou como um "segundo batismo" e celebravam-na como o seu aniversário celestial. Era também tida como uma imitação de Jesus Cristo que deu a sua vida (Thanzauva, 2002, p. 256).[106] O martírio não pertence ao passado, como ilustram as mortes de Martin Luther King Jr. ou D. Oscar Romero, arcebispo de El Salvador, assim como as mortes de tantos crentes anônimos cujo sacrifício nunca chega às notícias. Não esqueçamos que os bombistas suicidas são muitas

---

106. Panikkar descreve os primeiros cristãos deste modo: "Eles não viviam exclusivamente na história. A escatologia era um fator onipresente. Podiam enfrentar a morte sem medo. Eram mártires, testemunhas de um evento. A fidelidade era suprema. Esta convicção era dominante até a tomada de Roma por Alarico em 410, ou a morte de Santo Agostinho em 430. O verdadeiro cristão era um mártir" (1988, p. 93).

vezes considerados mártires pelas comunidades onde viveram e pelas denominações religiosas que professaram. Como escreve Thanzauva: "Hoje na Índia, muitos cristãos perdem as suas vidas, bens e sofrem perseguições por nenhum outro pecado que não seja o de serem cristãos" (2002, p. 256). Além disso, o martírio está presente em todas as principais religiões.[107]

Algumas formas de espiritualidade são privilegiadas pelas teologias tradicionalistas, como exposto acima, e são, por isso, de pouca utilidade para o tipo de lutas contra-hegemônicas pelos direitos humanos que proponho neste livro, enquanto outras são favorecidas pelas teologias pluralistas ou progressistas e têm o potencial de contribuir para estas lutas. A intensidade da experiência religiosa é importante, mas o mais importante é a sua orientação existencial. É vivenciada como um propósito individual sem qualquer ligação relevante com as coisas do mundo ou, pelo contrário, é vivenciada como uma forma de partilhar com os outros a visão transcendental de um Deus sofredor que se manifesta nos povos sofredores deste mundo injusto?[108] No primeiro caso, podemos encontrar formas muito intensas de espiritualidade, mas a sua intensidade é medida precisamente pela sua capacidade de afastamento deste mundo. Este é, geralmente, o caso dos místicos. O forte potencial do misticismo para a presença, acima referida, é neutralizado pelo individualismo possessivo da

---

107. Para além do martírio, existem muitas outras formas de espiritualidade. Na teologia cristã, por exemplo, Thanzauva identifica, além do martírio, os seguintes tipos de espiritualidade: espiritualidade monástica, eclesiástica, reformadora, pietista, evangélica, ecumênica, libertadora, feminista, dialógica, indígena/tribal, comunitária, doxológica e praxiológica (2002, p. 249-72). Na teologia islâmica, a tradição sufi assume um lugar de destaque. Ver Green (2004), Safi (2005), Le Gall (2010).

108. Será um Deus sofredor um Deus subalterno? Será o Deus dos opressores o mesmo que o Deus dos oprimidos? Não foram os Deuses das populações colonizadas desprezados e suprimidos como práticas mágicas e idólatras pelo Deus da cristandade colonial? Pode um Deus sofredor ser o Deus de toda a cristandade sem se contradizer a Ele ou a Ela mesma?

"união mística" com o Absoluto.[109] No segundo caso, a espiritualidade gera uma poderosa energia motivadora que, se for canalizada para as lutas progressistas pela justiça social, poderá reforçar a credibilidade das visões que mobilizam os ativistas e fortalecem a sua vontade. Tem sido este o caso das comunidades eclesiais de base na América Latina inspiradas na teologia da libertação (Boff, 1986).

---

109. Ver, por exemplo, Reza Shah-Kazemi (2006), que compara os "caminhos para a transcendência" dos três grandes místicos das três principais religiões, Shankara para o Hinduísmo, Ibn Arabi para o Islã e Meister Eckhart para o Cristianismo.

CONCLUSÃO

Neste livro, prossegui um duplo objetivo: identificar os principais desafios que a emergência das teologias políticas no início do século XXI coloca aos direitos humanos; selecionar, entre uma ampla paisagem de análises teológicas, os tipos de reflexões e práticas que podem contribuir para expandir e aprofundar o cânone das políticas de direitos humanos. Para atingir este duplo objetivo, utilizei a complexidade como principal orientação analítica. Isto levou-me a fazer distinções das quais retirei consequências significativas: por um lado, distinções entre os diferentes tipos de teologias políticas (pluralistas *versus* fundamentalistas, tradicionalistas *versus* progressistas); e, por outro lado, entre dois discursos e práticas contrastantes de políticas de direitos humanos (hegemônicos *versus* contra-hegemônicos). Defendi que as teologias pluralistas e progressistas podem funcionar como uma fonte de energia radical para as lutas contra-hegemônicas dos direitos humanos.

Parto do princípio de que as distinções entre teologias se aplicam, com algumas nuances, a todas as principais religiões. Este é um pressuposto cuja validade não posso garantir com absoluta segurança. Deriva menos de uma aturada experiência hermenêutica teológica do que de ter testemunhado os diferentes modos como as pessoas e práticas religiosas se posicionam em relação às lutas sociais. De que lado estão? Este é o meu critério de base. Do lado dos opressores ou do lado dos oprimidos? Do lado do fundamentalismo ou do lado do pluralismo? Do lado do tradicionalismo reacionário ou do lado da transformação social progressista (que não exclui o recurso à tradição – concebida como uma modernidade alternativa como ilustra a teologia da libertação indígena e islâmica)?

Estou ciente de que é muito difícil responder a estas questões de forma inequívoca. A dificuldade principal decorre do contexto social da religião, ou seja, do papel que a religião desempenha na sociedade, um contexto que varia segundo as diferentes religiões, as diferentes regiões do mundo e os diferente períodos históricos. Uma das afirmações mais eloquentes da necessidade de atender aos contextos neste domínio é feita por Ali Shariati numa palestra proferida nos anos 1970. Diz o autor:

> Franz Fanon, que eu conheci pessoalmente e cujos livros traduzi para persa, era pessimista a respeito da possibilidade de a religião dar um contributo positivo ao movimento social. Tinha, de fato, uma posição antirreligiosa até que eu o convenci de que em certas sociedades em que a religião tem um papel importante na cultura, a religião pode... ajudar a conduzir a sociedade a um destino semelhante ao que Fanon procurava conduzir a sua através de meios não religiosos. Acrescentei que o sentimento antirreligioso de Fanon resultava da experiência religiosa específica da Europa na Idade Média e da subsequente libertação da sociedade europeia nos séculos XV e XVI. Não podemos extrapolar esta experiência para o mundo islâmico porque a cultura de uma sociedade islâmica e a tradição que moldou as sociedades islâmicas é totalmente diferente do espírito que, sob o nome de religião,

dominou a Europa na Idade Média. Logicamente não podemos julgar e condenar as duas religiões com o mesmo fundamento (2002, p. 36).

Como já referi, tomo como certo neste livro que todas as religiões têm, em princípio, o mesmo potencial para desenvolver versões de teologias progressistas e libertadoras, capazes de se integrar nas lutas contra-hegemônicas contra a globalização neoliberal. Por outro lado, as religiões contam com um registro impressionante de execuções, perseguições, *pogroms* e inquisições, livros queimados. Um tema relacionado, que não abordo neste livro, diz respeito às razões pelas quais as condições econômicas, sociais, políticas e culturais prevalecentes no mundo de hoje tendem a impedir a emergência de teologias da libertação e a promover a emergência de teologias conservadoras ou reacionárias. Neste contexto faz sentido voltar a citar Ali Shariati, já que a sua posição acima citada de modo algum lhe fazia perder de vista os perigos que a religião podia trazer à luta pela emancipação social. A finalizar a sua palestra, identifica os desafios que um muçulmano esclarecido deve enfrentar:

(...) faz da religião uma arma inacessível aos que indevidamente se apoderaram dela e cujo propósito é usar a religião para fins próprios; inicia uma renascença religiosa que, ao voltar à religião da vida e do movimento, do poder e da justiça, neutraliza os agentes reacionários da sociedade e salva o povo dos elementos usados para o anestesiar. Tal renascença transforma tais elementos em fatores de revitalização, de conscientização e de luta contra a superstição. Além disso, ao assentar na cultura autêntica da sociedade, permitirá o renascimento da independência cultural contra a investida violenta do Ocidente. Finalmente, elimina o espírito de imitação e de obediência que é próprio da religião popular e substitui-o pelo espírito de pensamento independente, crítico, revolucionário e agressivo (2002, p. 46).

Se Deus fosse um ativista dos direitos humanos é, obviamente, uma pergunta metafórica que só pode ser respondida metaforicamente. Na lógica deste livro, se Deus fosse um ativista dos direitos humanos, Ele ou Ela estariam definitivamente em busca de uma concepção contra-hegemônica dos direitos humanos e de uma prática coerente com ela. Ao fazê-lo, mais tarde ou mais cedo este Deus confrontaria o Deus invocado pelos opressores e não encontraria nenhuma afinidade com Este ou Esta. Por outras palavras, Ele ou Ela chegariam à conclusão de que o Deus dos subalternos não pode deixar de ser um Deus subalterno. A consequência lógica de tal conclusão seria bastante ilógica do ponto de vista humano, pelo menos no tocante às religiões monoteístas que foram a base da minha análise: um Deus monoteísta apelando ao politeísmo como condição para que a invocação de Deus nas lutas sociais e políticas por uma transformação social progressista não tenha efeitos perversos.

A ideia de um Deus subalterno será a de que apenas o politeísmo permite uma resposta inequívoca a esta questão crucial: de que lado estás? Reconheço que um Deus monoteísta advogando um conjunto politeísta de Deuses e, portanto, o Seu próprio suicídio sacrificial pelo bem da humanidade é um completo absurdo. Mas interrogo-me se o papel de muitas das teologias não tem sido o de evitar que nos confrontemos com este absurdo e daí retiremos as devidas conclusões. Como se o *logos* de Deus tivesse sido desde sempre um exercício humano para impedir Deus de exprimir a Sua pluralidade.

BIBLIOGRAFIA

ABBAS-GHOLIZADEH, Mahboubeh. The experience of Islamic Feminism in Iran. *Farzaneh* [edição especial sobre a reforma e o movimento das mulheres], v. 5, n. 10, p. 3-6, 2001.

ACHCAR, Gilbert. *The clash of barbarisms*: the making of the new world disorder. Boulder: Paradigm Publishers, 2006.

_____. Orientalism in reverse: post-1979 trends in French Orientalism. *Fourth Annual Edward Said Memorial Lecture at the University of Warwick*, 20 nov. 2007.

_____. Religion and Politics Today from a Marxian Perspective. In: PANITCH, Leo; LEYS, Colin (Orgs.). *Socialist register*. Monmouth, Wales: The Merlin Press, 2008. p. 55-76.

ADORNO, Theodor. *Prismen*. Munique: Suhrkamp Verlag, 1955.

AFSARUDDIN, Asma (Org.). *Hermeneutics and honor*: negotiating female "public" space in Islamic/ate societies. Cambridge, Mass: Harvard University Press, 1999.

AHMED, Leila. *Women and gender in Islam*: historical roots of a modern debate. New Haven: Yale University Press, 1992.

AL-ALI, Nadje. Reconstructing gender: Iraqi women between dictatorship, war, sanctions and occupation. *Third World Quarterly*, v. 26, n. 4-5, p. 339-58, 2005.

AL-AZMEH, Aziz; BAK, János M. (Orgs.). *Monotheistic kingship*: the medieval variants. Series: CEU Medievalia. Budapest: Department of Medieval Studies, Pasts Incorporated, CEU Studies in the Humanities and Central European University Press, 2004.

AL-JABARTI, Abd Al- Rahman. *Napoleon in Egypt*: Al-Jabarti's Chronicle of the French Occupation, 1798. Tradução de Shmuel Moreh. Princeton: Markus Wiener Publishing, 1993[1798].

ALMOND, Gabriel; APPLEBY, Scott; SIVAN, Emmanuel. *Strong religion*: the rise of fundamentalisms around the world. Chicago: Chicago University Press, 2003.

ALTHAUS-REID, Marcella; ISHERWOOD, Lisa. Thinking theology and queer theory. *Feminist Theology*, v. 15, n. 3, p. 302-14, 2007.

AN-NA'IM, A. A. (Org.). *Human Rights in Cross-Cultural Perspectives. A quest for Consensus*. Filadelfia: University of Pennsylvania Press, 1992.

_____. Why should Muslims abandon Jihad? Human Rights and the future of international law, *Third World Quarterly*, v. 27, n. 5, p. 785-97, 2006.

AQUINO, Tomás. *Summa Theologica*. New York: Benzinger Brothers, 1948.

AQUINO, María Pilar (Org.). *Aportes para una teología desde la mujer/ Colaboraciones de teólogas latinoamericanas en la Conferencia Inter-continental de Mujeres Teólogas del Tercer Mundo*. Madrid: Editorial "Biblia y Fe", 1988.

_____. *Nosso clamor pela vida*: teologia latino-americana a partir da perspectiva da mulher. São Paulo: Paulinas, 1996.

_____; ROSADO-NUNES, María José. *Feminist intercultural theology latina explorations for a just world*. New York: Maryknoll Books, 2006.

ARCHER, R. Secularism and Sectarianism in India and the West: what are the real lessons of American history? *Economy and Society*, v. 30, n. 3, p. 273-87, 2001.

ARENDT, Hannah. *The origins of totalitarism*. New York: Harcourt Brace Jovanovich. 1968.

_____. *Sobre a revolução*. Lisboa: Moraes, 1971.

ARJOMAND, Said Amir (Org.). *From nationalism to revolutionary Islam*. Albany: State University of New York Press, 1984.

_____ (Org.). *The political dimensions of religion*. Albany: State University of New York Press, 1993.

AROKIASAMY, G.; GISPERT-SAUCH, G. (Orgs.). *Liberation in Asia*: theological perspectives. Anand, Gujarat: Gujarat Sahitya Prakash; Delhi: Vidyajyoti, Faculty of Theology, 1987.

ASAD, Talal. *Genealogies of religion*: discipline and reasons of power in Christianity and Islam. Baltimore: Johns Hopkins University Press, 1993.

_____. *Formations of the secular*: Christianity, Islam, modernity. Stanford: Stanford University Press, 2003.

ASSMANN, Hugo; HINKELAMMERT, Franz Josef. *A idolatria do mercado*: ensaio sobre economia e teologia. Petrópolis: Vozes, 1989.

ATEEK, Naim. *Justice, and only justice*: a Palestinian Theology of Liberation. Maryknoll, New York: Orbis Books, 1989.

_____; DUAYBIS, Cedar; TOBIN, Maurine (Orgs.). *Challenging Christian Zionism*: theology, politics and the Israel-Palestine conflict. London: Melisende, 2005.

AYOUB, Mahmoud. Jesus the Son of God: a study of the terms *Ibn* and *Walad* in the Qu'ran and Tafsir tradition. In: HADDAD, Yvonne Yazbeck; HADDAD, Wadi Zaidan (Orgs.). *Christian-Muslim encounters*. Gainesville: University Press of Florida, 1995. p. 65-81.

BADRAN, Margot. *Feminism in Islam*: secular and religious convergences. Oxford: One World, 2009.

BARLAS, Amina. Does the Qu'ran support gender equality? Or, do I have the autonomy to answer this question? *Workshop in Islam and autonomy*. University of Groningen, 24 nov. 2006. Disponível em: <https://docs.google.com/a/ufp.edu.pt/viewer?a=v&q=cache:PXyJhA WboxMJ:www.asmabarlas.com/TALKS/Groningen_Keynote.pdf+&hl =pt-PT&gl=pt&pid=bl&srcid=ADGEEShYVE0CnRRMXgcZGou1P JhM08TFMDllJiZnbRBgWW92kUaqY67Zc1Fnw-YBA9VhixSrBi-m5O92UhFNFXJKPEdihGhNFgCFSb9993eQRhW1ii9JTmEXml-Gq1KDi9vAD9d4CxTt21&sig=AHIEtbR9WwtFEVRhwA589sR7LXt qM79j3A>. Acesso em: 6 dez. 2012.

BARLAS, Asma. *"Believing Women" in Islam*: unreading patriarchal interpretations of the Qur'an. Austin: University of Texas Press, 2002.

BAYES, Jane H.; TOHIDI, Nayereh. *Globalization, gender, and religion*: the politics of Women's Rights in Catholic and Muslim contexts. New York: Palgrave, 2001.

BELL JR., Daniel. State and civil society. In: SCOTT, Peter; CAVANAUGH, William (Orgs.). *The Blackwell companion to political theology*. Oxford: Blackwell, 2004. p. 423-38.

BENJAMIN, Walter. *Illuminations*. (Edited and with an introd. by Hannah Arendt.) New York: Schocken Books, 1977.

BERGESCH, Karen. *A dinâmica do poder na relação de violência doméstica*: desafios para o aconselhamento pastoral. São Leopoldo: Sinodal, 2006.

BETZ, Hans-Georg; MERET, Susan. Revisiting Lepanto: the political mobilization against Islam in contemporary Western Europe, *Patterns of Prejudice*, v. 43, n. 3-4, p. 313-34, 2009.

BHARGAVA, Rajeev (Org.). *Secularism and its critics*. Nova Delhi: Oxford University Press, 1998.

BLOCH, Ernst. *The principle of hope*. Cambridge: MIT Press, 1995 [1947].

BOFF, Clodóvis. *Teologia e prática*: teologia do político e suas mediações. Petrópolis: Vozes, 1978.

_____. *Teologia pé no chão*. Petrópolis: Vozes, 1984.

BOFF, Clodóvis. *Teoria do método teológico*. Petrópolis: Vozes, 1998.

BOFF, Leonardo. *O destino do homem e do mundo; ensaio sobre a vocação humana*. Petrópolis: Vozes, 1973.

_____. *Ecclesiogenesis*: the base communities reinvent the church. Maryknoll, New York: Orbis Books, 1986.

_____. *Cry of the Earth, cry of the poor*. Maryknoll, New York: Orbis Books, 1997.

_____. Quarenta anos da Teologia da Libertação. In: *LeonardoBOFF. com*, 2009. Disponível em: <http://leonardoboff.wordpress. com/2011/08/09/quarenta-anos-da-teologia-da-libertacao/>. Acesso em: 16 dez. 2012.

BONATE, Liazzat J. K. Matriliny. Islam and Gender, *Journal of Religion in Africa*, v. 2, n. 36, p. 139-66, 2006.

_____. Roots of diversity in Mozambican Islam, *Lusotopie*, v. XIX, n. 1, p. 129-49, 2007a.

_____. *Traditions and transitions*: Islam and chiefship in Northern Mozambique. CA-1850-1974. Dissertação (Doutorado) – University of Cape Town, 2007b.

BORGES, Anselmo. *Religião e diálogo inter-religioso*. Coimbra: Imprensa da Universidade de Coimbra, 2010.

BRUCE, Steve. Modernity and fundamentalism: the new Christian right in America. *British Journal of Sociology*, 41, 477-496, 1990.

BUDIMAN, Manneke. Treading the Path of the Shari'a: Indonesian feminism at the crossroads of Western modernity and Islamism, *Journal of Indonesian Social Sciences and Humanities*, v. 1, p. 73-93, 2008.

BULTMANN, Rudolf. *Kerygma und Mythos*. In: BARTSCH H. W. (Org.). I. Hamburgo: Volksdorf: Herbert Reich-Evangelischer Verlag, 1948.

BURKE, Roland. *Decolonization and the Evolution of International Human Rights*. Philadelphia, Pennsylvania: University of Pennsylvania Press, 2010.

CASANOVA, J. *Public religions in the modern world*. Chicago/London: The University of Chicago Press, 1994.

_____. Catholic and Muslim politics in comparative perspective. *Taiwan Journal of Democracy*, v. 1, n. 2, p. 89-108, 2005.

_____. Cosmopolitanism, the clash of civilizations and multiple modernities. *Current Sociology*, n. 59, p. 252-67, 2011.

CHRIST, Carol. *Rebirth of the Goddess*: finding meaning in feminist spirituality. New York: Routledge, 1998.

_____. *She Who Changes*: Re-imagining the Divine in the world. New York: Palgrave McMillan, 2004.

COENE, Gily; LONGMAN, Chia (Org.). *Féminisme et multiculturalisme*: les paradoxes do débat. Bruxelas: Peter Lang, 2010.

CONE, James. *Black theology and black power*. New York: Seabury, 1969.

_____. *The spirituals and the blues*. New York: Seabury, 1972.

CONNOLY, William. *Why I am not a secularist*. Minneapolis: Minnesota University Press, 1999.

CORTON, André; MARSHALL-FRATANI, Ruth. *Between Babel and Pentecost*: transnational Pentecostalism in Africa and Latin America. Bloomington: Indiana University Press, 2001.

CROSSAN, John. *The historical Jesus*: the life of a Mediterranean Jewish peasant. New York: HarperCollins Publish, 1991.

DABASHI, Hamid. *Theology of discontent*: the ideological foundations of the Islamic revolution in Iran. New York: New York University Press, 1993.

_____. *Islamic liberation theology*: resisting the empire. New York: Routledge, 2008.

DALY, Mary. *The Church and the second sex*. Boston: Beacon Press, 1968.

DALY, Mary. *Beyond God the father*: towards a philosophy of Women's Liberation. Boston: Beacon Press, 1973.

DAULATZAI, Anila. A leap of faith: thoughts on secularistic practices and progressive politics. *International Social Science Journal*, v. 56, n. 182, p. 565-76, 2004.

DAVID, Suh Kwang-Sun. A Bibliographical Sketch of an Asian Theological Consultation. In: COMMISSION ON THEOLOGICAL CONCERNS OF THE CHRISTIAN CONFERENCE OF ASIA (Org.). *Minjung theology*: people as the subjects of history. Maryknoll, New York: Orbis Books, 1983.

DAVIDSON, Carl; HARRIS, Jerry. Globalisation, theocracy and the new fascism: the US Right's rise to power. *Race & Class*, v. 47, n. 3, p. 47-67, 2006.

DONOHUE, J.; ESPOSITO, John L. (Orgs.) *Islam in transition*: Muslim perspectives. New York: Oxford University Press, 1982.

DUCHROW, Ulrich. Dificultades y oportunidades para la teología en el mundo actual. In: TAMAYO, J. J.; SUSIN, L. C. (Orgs.). *Teología para otro mundo posible*. Madrid: PPC, 2006. p. 201-8.

DUDERIJA, Adis. The interpretational implications of progressive Muslims' Qur'an and Sunna Manhaj in relation to their formulation of a normative Muslima construct. *Islam and Christian-Muslim Relations*, v. 19, n. 4, p. 411-29, 2010.

DUPUIS, Jacques. *Toward a Christian theology of religious pluralism*. Maryknoll. New York: Orbis Books, 1997.

DUSSEL, Enrique. *1492*: El encubrimiento del otro. Madrid: Nueva Utopia, 1992.

_____. *Teologia da libertação*: um panorama do seu desenvolvimento. Petrópolis: Vozes, 1999.

_____. *De Medellin a Puebla*: uma década de sangue. São Paulo: Loyola, 2006.

DUSSEL, Enrique. Der Katholizismus in Lateinamerica und der Karibik. *Concilium. Internationale Zeitschrift für Theologie*, v. 45, n. 2, p. 175-84, 2009.

EBADI, Shirin. *Iran awakening*: a memoir of revolution and hope. New York: Random House, 2006.

EBERHARD, Christoph. *Droit de l'homme et dialogue interculturel*. Paris: Éditions des Écrivains, 2002.

EDWIN, Shirin. We belong here, too: accommodating African Muslim Feminism in African Feminist Theory via Zaynab Alkali's the virtuous woman and the cobwebs and other stories. *Frontiers: A Journal of Women Studies*, v. 27, n. 3, p. 140-56, 2006.

EICKELMAN, Dale F.; PISCATORI, James. *Muslim politics*. Princeton: Princeton University Press, 2004.

ELIZONDO, Virgilio. *Christianity and culture*: an introduction to pastoral theology and ministry for the bicultural community. Huntington, Indiana: Our Sunday Visitor, 1975.

ELLACURÍA, Ignacio. The function of economic theories in theological-theoretical discussion on the relationship between Christianity and Socialism. In: METZ, Johann-Baptist; JOSSUA, Jean Pierre (Orgs.). *Christianity and Socialism*. New York: The Seabury Press, 1977. p. 124-31.

_____. *Mysterium liberationis*: conceptos fundamentales de teología de la liberación. Madrid: Editorial Trotta, 1990.

ELLIS, Mark H. *Toward a Jewish theology of liberation*. Waco: Baylor University Press, 2004.

ELLIS, Stephen; HAAR, Gerrie Ter. Religion and politics: taking African epistemologies seriously. *Journal of Modern African Studies*, v. 45, n. 3, p. 385-402, 2007.

ENGINEER, Asghar Ali. *Islam and liberation theology*: essays on liberative elements in Islam. Nova Delhi: Sterling Publishers, 1990.

ENGINEER, Asghar Ali. *Rethinking issues in Islam*. Mumbai: Orient Longman, 1998.

ERNST, Carl. *Sufism, Islam, and globalization in the contemporary world*: methodological reflections on a changing field of study. Fourth Victor Danner Memorial Lecture Indiana University, 15 apr. 2006.

ERSKINE, Noel Leo. *Decolonizing theology*: a Caribbean perspective. Trenton: Africa World Press, 1998.

EVANS, James H. *Black theology*: a critical assessment and annotated bibliography. New York: Greenwood Press, 1987.

EZZAT, Heba Raouf. The silent Ayesha: an Egyptian narrative. In: BAYES, J. H.; TOHIDI, Nayereh (Orgs.). *Globalization, gender, and religion. The Politics of Women's Rights in Catholic and Muslim Contexts*. New York: Palgrave, 2001. p. 231-57.

FABELLA, Virginia; ODUYOYE, Mercy Amba. *With Passion and compassion. Third World Women Doing Theology*. Eugene: Wipf & Stock, 1998.

FALWELL, Jerry. *Listen America!* New York: Doubleday, 1980.

FASHEH, Munir. Reclaiming our identity and redefining ourselves. In: ATEEK, Naim; ELLIS, Marc; RUETHER, Rosemary Radford (Orgs.). *Faith and the Intifada*: Palestinian Christian voices. Maryknoll, New York: Orbis, 1992, p. 61-70.

FEMINIST THEOLOGY WORKSHOP. *Birthing a burmese feminist theology*. Workshop, 8th-10th February, Jerusalem. [Rangoon]: Women's Theologians Fellowship, Association for Theological Education in Myanmar, 2002.

FEUERBACH, Ludwig. *The Essence of Christianity*. New York: Harper, 1975.

FIORENZA, Elisabeth Schüssler. *In memory of her*: a feminist theological reconstruction of Christian origins. New York: Crossroads, 1984.

_____. *But she Said*: feminist practices of Biblical interpretation. Boston: Beacon Press, 1992.

FIORENZA, Elisabeth Schüssler. *Discipleship of equals*: a critical feminist. Ekklesia-loy of Liberation. Boston: SCM Press, 1993.

_____. Gewalt gegen Frauen. *Concilium. Internationale Zeitschrift für Theologie*, n. 30/2, p. 95-107, 1994.

_____. *Sharing her word*: feminist Biblical interpretation in context. Boston: Beacon Press, 1998.

_____. *Transforming vision*: explorations in feminist theology. Minneapolis: Augsburg Fortress Press, 2011.

FISCHER, Michael. *Iran*: from religious dispute to revolution. Cambridge: Harvard University Press, 1980.

FITZPATRICK, Peter. What Are the Gods to us now? Secular theology and the modernity of law. *Theoretical Inquiries in Law*, n. 8, p. 161-90, 2007.

FLETCHER, Madeleine. How can we understand Islamic law today? *Islam and Christian-Muslim relations*, v. 17, n. 2, p. 159-72, 2006.

FORNET-BETANCOURT, Raúl. *La interculturalidad a prueba*. Mainz: Verlag Mainz, 2006.

GARWOOD, Shae. Politics at Work: Transnational AdvocacyNetworks and the Global Garment Industry. *Gender and Development*, v. 13, n. 3, p. 21-33, 2005.

GAYNES, Edwene. *The four spiritual laws of prosperity*: a simple guide to unlimited abundance. Rodale Incs., 2005.

GEBARA, Ivone. *Teologia ecofeminista*: ensaio para repensar o conhecimento e a religião. São Paulo: Olho d'Água, 1998.

GONZALEZ, Michelle A. Who is Americana/o? In: KELLER, Catherine; NAUSNER, Michael; RIVERA, Mayra (Orgs.). *Postcolonial theologies*: divinity and empire. St. Louis: Chalice Press, 2004. p. 58-78.

_____. *Afro-Cuban Theology*: religion, race, culture, and identity. Gainesville: University Press of Florida, 2006.

GOODALE, Mark. *Surrendering to utopia:* an anthropology of human rights. Stanford, CA: Stanford University Press, 2009a.

_____ (Org.). *Human Rights*: an Anthropological Reader. Malden Mass.: Wiley-Blackwell, 2009b.

_____ (Org.). *Human rights at the crossroads.* New York: Oxford University Press, 2013.

GOODHART, Michael (Org.). *Human rights*: Politics and Practice, 2nd edition, Oxford: Oxford University Press, 2013.

GORDON, Lewis. *Bad faith and antiblack racism*. Atlantic Highlands, NJ: Humanities Press, 1995a.

_____. *Fanon and the crisis of European man*: an essay on philosophy and the human sciences. New York: Routledge, 1995b.

_____. *Disciplinary decadence*: living thought in trying times. Boulder: Paradigm Publishers, 2007.

GOTTWALD, Norman K. *The tribes of Yahweh*: a sociology of the religion of liberated Israel. Maryknoll, New York: Orbis Books, 1979.

GREEN, John C. American faith-based politis in the era of George W. Bush. *European Political Science*, n. 8, p. 316-29, 2009.

GREEN, Nile. Emerging Approaches to the Sufi traditions of South Asia: between texts, territories and the transcendent. *South Asia Research*, n. 24, p. 123-48, 2004.

GRESH, Alain. *L'Islam, la République et le monde*. Paris: Fayard, 2004.

GUERRERO, Andrés Gonzales. *A chicano theology*. Maryknoll: Orbis Books, 1987.

GUMBRECHT, Hans Ulrich. *Production of presence*: what meaning cannot convey. Stanford: Stanford University Press, 2004.

GUTIERREZ, Gustavo. *Teología de la liberación*: perspectivas. Lima: Ed. CEP, 1971.

_____. *Acordarse de los pobres; textos esenciales*. Lima: Fondo Editorial del Congreso del Peru, 2004.

HADDAD, Yvonne Yazbeck; HADDAD, Wadi Zaidan (Orgs.). *Christian-Muslim encounters*. Gainesville: University Press of Florida, 1995.

HAGIN, Kenneth. *The coming restoration*. Rhema Bible Church, 1985.

HALLAQ, Wael B. *Authority, continuity and change in Islamic law*. Cambridge: Cambridge University Press, 2004.

HETATA, Sherif. East-West Relations. In: SADAAWI, Nawal et al. *Islamic fundamentalism*: a debate on the role of Islam today. London: Institute for African Alternatives, 1989. p. 21-7.

HICK, John; KNITTER, Paul (Org.). *The myth of Christian uniqueness*: toward a pluralistic theology of religions. Maryknoll, New York: Orbis Books, 1987.

HOPWOOD, Derek (Org.). *Arab nation, Arab nationalism*. New York: St. Martin's Press in Association with St. Antony's College, Oxford, 1999.

IRUDAYARAJ, Xavier (Org.). *Emerging dalit theology*. Madras: Jesuit Theological Secretariate, 1990.

ISASI-DÍAZ, Ada; TARANGO, Yolanda. *Hispanic women. Mujer hispana. Prophetic voice in the Church. Voz profética en la Iglesia*. Scranton: University of Scranton Press, 1988.

JOÃO PAULO II, Papa. *Encyclical Letter "Centesimus Annus"*. Vaticano: Vatican Ed., 1991.

KAMITSUKA, Margaret. Toward a feminist postmodern and postcolonial interpretation of Sin. *The Journal of Religion*, n. 84, 2, p. 179-211, 2004

KANG, Namsoon. Who/What Is a Asian? A postcolonial theological reading of orientalism and neo-orientalism. In: KELLER, Catherine; NAUSNER, Michael; RIVERA, Mayra (Orgs.). *Postcolonial theologies. Divinity and empire*. St. Louis: Chalice Press, 2004. p. 100-17.

KARAM, Azza. *Women, Islamisms and State*: contemporary feminisms in Egypt. London/New York: Macmillan and St. Martin's Press, 1998.

KECK, Margaret; SIKKINK, Kathryn. *Activists beyond borders*: advocacy networks in international politics. Ithaca: Cornell University Press, 1998.

KELLER, Catherine; NAUSNER, Michael; RIVERA, Mayra (Orgs.). *Postcolonial theologies. Divinity and Empire*. St. Louis: Chalice Press, 2004.

KHALIDI, Tarif (Org.). *The Muslim Jesus*: sayings and stories in Islamic literature. Cambridge: Harvard University Press, 2001.

KING, Ursula (Org.). *Feminist theology from the Third World*. Maryknoll: Orbis Books, 1994.

KNITTER, Paul. *Introducing theologies of religions*. Maryknoll: Orbis Books, 2002.

KUMARI, Prasanna (Org.). *Feminist theology*: perspectives and praxis: Gurukul Summer Institute, 1998. Chennai: Gurukul Lutheran Theological College & Research Institute, 1999.

KÜNG, Hans. *Peace proposal*. Disponível em: <http://www.peaceproposal.com/Kung.html>. Acesso em: 4 dez. 2012.

KUNNIE, Julian. *Models of black theology*: issues in class, culture, and gender. Valley Forge: Trinity Press International, 1994.

KUTTAB, Jonathan. Biblical justice, law, and the occupation. In: ATEEK, Naim; ELLIS, Marc; RUETHER, Rosemary Radford (Orgs.). *Faith and the intifada*: Palestinian Christian voices. Maryknoll: Orbis, 1992.

LASKI, Harold. Toward a Declaration of Human Rights. In: UNESCO *Human rights*: comments and interpretations. Paris, 1948. Disponível em: <http://unesdoc.unesco.org/images/0015/001550/155042eb.pdf, 65-79>. Acesso em: 4 ago. 2013.

LE GALL, Dina. Recent thinking on Sufis and Saints in the lives of Muslim societies, past and present. *International Journal of Middle East Studies*, n. 42, p. 673-87, 2010.

LEHMANN, David. *Fundamentalism and Globalism*. Third World Quarterly, 19, 607-634, 1998.

LEITE, A. P. *O amor como critério de gestão*. Lisboa: Ed. Principia, 2012.

LIBÂNIO, J. B. Panorama da teologia da América Latina nos últimos anos. *Revista Electrónica Latinoamericana de Teología (RELaT)*. Disponível em: <http://www.servicioskoinonia.org/relat/>. Acesso em: 20 nov. 2012.

LOADES, Ann (Org.). *Feminist theology*: a reader. London: SPCK, 1990.

LÖWY, Michael. *The war of gods*: religion and politics in Latin America. London/New York: Verso, 1996.

MacDONALD, Duncan. *Development of Muslim theology, jurisprudence and constitutional theory*. New York: Charles Scribner's Sons, 1903.

MADIGAN, Patricia. Women negotiating modernity: a gender perspective on fundamentalisms in Catholicism and Islam. *Islam and Christian-Muslim Relations*, v. 20, n. 1, p. 1-20, 2010.

MAIER, Charles. A surfeit of memory? Reflections on history, melancholy and denial. *History and Memory*, v. 5, n. 2, p. 136-52, 1993.

MALDONADO-Torres, Nelson. The time of history, the time of Gods, and the damnés de la terre. *Worlds & Knowledges Otherwise*, v. I, n. 2, p. 1-12, 2006. Disponível em: <http://www.jhfc.duke.edu/wko/dossiers/1.2/finalTorres%20final%20response.pdf>.

MANNOT, Caroline; TERNISIEN, Xavier. Tariq Ramadan accused of anti-Semitism. *Watch*, October 14, 2003. Disponível em: <http://watch.windsofchange.net/themes_67.htm>.

MARCOS, Sylvia. Körper und Geschlecht in mesoamerikanischen Religionen. *Concilium. Internationale Zeitschrift für Theologie*, v. 38, n. 2, p. 201-12, 2002.

MARRAMAO, Giacomo. *Cielo e terra. Genealogia della secolarizzazione*. Roma: Bari, 1994.

MARSDEN, George M. *Fundamentalism and American culture*. Oxford: Oxford University Press, 2006.

MARX, Karl. *Early writings* (A Contribution to the Critique of Hegel's Philosophy of Right). Nova York: McGraw Hill, 1964.

_____. On the Jewish Question. In: Karl Marx: *Selected writings*. David McLellan (Org.). Oxford: Oxford University Press, 1977. p. 39-62.

McFAGUE, Sally. *Life abundant*: rethinking theology and economy for a planet in peril. Minneapolis: Augusburg Fortress Press, 2000.

_____. *A new climate for theology*: god, the world, and global warming. Minneapolis: Augusburg Fortress Press, 2008.

MERNISSI, F. *Beyond the veil*: male-female dynamics in modern Muslim Society. Indiana: Indiana University Press, 1987.

_____. *The veil and the male elite*: a feminist interpretation of women's rights in Islam. MA: Addison-Wesley, 1991.

_____. *Women's rebellion and Islamic memory*. New Jersey: Zed Books, 1996.

MERRY, Sally Engle. *Human Rights and Gender Violence*: Translating International Law into Local Justice. Chicago: University of Chicago Press, 2006.

METZ, Johann (1968). The Church's Social Function in the Light of a "Political Theology". In: METZ, Johann (Org.). *Faith and the world of politics*. New York: Paulist Press, 1968. p. 2-18.

_____. *Faith in history and society*: toward a practical fundamental theology. New York: The Seabury Press, 1980.

MIR-HOSSEINI, Ziba. Stretching the limits: a feminist reading of the Shari'a in post-Khomeini Iran. In: YAMANI, Mai (Org.). *Feminism and Islam*: legal and literary perspectives. New York: New York University Press, 1996. p. 285-319.

_____. Muslim women's quest for equality: between Islamic law and feminism. *Critical Inquiry*, v. 32, n. 4, p. 629-45, 2006.

MODOOD, Tariq. Muslims and the politics of difference. *The Political Quarterly*, v. 74, n. 1, p. 100-15, 2003.

MOGHADAM, V. M. Islamic feminism and its discontents: toward a resolution of the debate. *Signs: Journal of Women in Culture and Society*, v. 27, n. 4, p. 1135-71, 2002.

MOHANTY, Chandra Tapade. Under western eyes: feminist scholarship and colonial discourses. In: MOHANTY, Chandra Tapade; RUSSO, Ann; TORRES, Lourdes (Orgs.). *Third World Women and the Politics of Feminism*. Bloomington: Indiana University Press, 1991. p. 255-77.

MOJAB, Shahrzad. Theorizing the Politics of "Islamic Feminism". *Feminist Review*, 69, p. 124-46, 2001.

MOLTMANN, Jurgen. *Theology of hope*: on the ground and the implications of a Christian eschatology. London: SCM Press, 1967.

_____. *The power of the powerless*. São Francisco: Harper & Row, 1982

_____. *Politische Theologie-Politische Ethik*. Munique: Kaiser/Grunewald, 1984.

MOOSA, Ebrahim. Introduction. In: RAHMAN, Fazlur (Org.). *Revival and reform in Islam*: a study of Islamic Fundamentalism. Oxford: Oneworld, 2000. p. 1-29.

_____. The dilemma of Islamic rights schemes. *Worlds and Knowledges Otherwise*, v. 1, n. 1, p. 1-25, 2004. Disponível em: <http://www.jhfc. duke.edu/wko/dossiers/1.1/MoosaE.pdf>.

_____. *Ghazali and the poetics of imagination*. London: University of North Carolina Press, 2005.

_____. Transitions in the "Progress" of civilization: theorizing history, practice and tradition. In: CORNELL, V. J.; HENRY-BLAKEMORE, V. G; SAFI, O. (Orgs.). *Voices of Islam*. Westport, Praeger Publishers, n. 5, 2006.

_____. Social Change. In: RIPPIN, Andrew. *The Islamic world*. London: Routledge, 2008. p. 565-75.

MOYN, Samuel. *The last utopia, human rights in history.* Cambridge, Mass: Harvard University Press, 2010.

MURRAY, Kyle. Christian "Renewalism" and the production of global free market hegemony. *International Politics,* v. 49, 2, p. 260-76, 2012.

NANDY, Ashis. An anti-secularist manifesto. *Seminar,* n. 314, p. 1-12, 1985.

_____. The Politics of Secularism and the Recovery of Religious Tolerance. In: BHARGAVA, Rajev (Org.). *Secularism and its critics.* Nova Delhi: Oxford University Press, 1998. p. 321-44.

NEW, David. *Christian fundamentalism in America*: a cultural history. Jefferson: McFarland & Company, Inc. Publishers, 2012.

NIETZSCHE, Friedrich. *The gay science*; with a prelude in rhymes and an appendix of songs. New York: Vintage Books, 1974.

_____. *Thus also spoke Zarathustra.* Trans. Thomas Common. (The Despisers of the Body.) A Project Gutenberg e-Book, 1998. Disponível em: <http://www.gutenberg.org/files/1998/1998-h/1998-h.htm#link2H_4_0004>.

NORTH, Gary [s.d.]. What Is The ICE? Disponível em: <http://www.garynorth.com/freebooks/whatsice.htm>.

_____. The Wealth of Nations. *Biblical Economics Today,* 1997. Disponível em: <http://www.reformed-theology.org/ice/newslet/bet/bet97.02.htm>.

NOVAK, Michael. *The spirit of democratic capitalism.* New York: Simon & Schuster, 1982.

_____. Speech delivered before the Mont Pelerin society in Sri Lanka on January 11, 2004. Disponível em: <http://old.nationalreview.com/novak/novak200402180913.asp>.

OKIN, Susan Moller. *Is multiculturalism bad for women?* New Jersey: Princeton University Press, 1999.

ÖZSOY, Ömer. Darf Koran historisch-hermeneutisch gelesen warden? In: ALTERMATT, Urs; DELGADO, Mariano; VERGAUWEN, Guido (Orgs.). *Der Islam in Europa. Zwischen Weltpolitik und Alltag*. Stuttgart: Verlag W. Kohlhammer, 2006. p. 153-75.

PANIKKAR, Raimundo. Is the Notion of Human Rights a Western Concept?, *Interculture*, 27 (1), Cahier 82, 1984, 28-47.

_____. Freeing Christian Faith from the Bonds of Western Culture. In: SKUDLAREK, William (Org.). *The attentive voice. Reflections on the meaning and practice of interreligious dialogue*. Brooklun: Lantern Books, 2011.

PASCAL, Blaise. *Pensées*. Londres: Penguin Books, 1966.

PEREIRA, Nancy Cardoso. Der Bewegungslose Tanz. Körper und Bible in Lateinamerika. *Concilium. Internationale Zeitschrift für Theologie*, v. 38, n. 2, p. 178-86, 2002.

PEW FORUM ON RELIGION & PUBLIC LIFE. How the Faithful Voted: 2012 *Preliminary Analysis – Analysis*, November 7, 2012. Disponível em: <http://www.pewforum.org/Politics-and-Elections/How-the-Faithful-Voted-2012-Preliminary-Exit-Poll-Analysis.aspx#rr>. Acesso em: 29 nov. 2012.

PRATT, Geraldine. *Working feminism*. Philadelphia: Temple University Press, 2004.

PUI-LAN, K. *Postcolonial imagination & feminist theology*. Louisville: Westminster John Knox Press, 2005.

QUEIRUGA, Andrés. *La revelación de Dios en la realización del hombre*. Madrid: Ediciones Cristiandad, 1987.

RAHEB, Mitri. *I am a Palestinian Christian*. Trans. R. C. L. Gritsch. Minneapolis: Fortress, 1995.

RAHMAN, Fazlur. *Islam and modernity*: transformation of an intellectual tradition. Chicago: Chicago University Press, 1982.

RAHMAN, Fazlur. *Revival and reform in Islam*: a study of Islamic fundamentalism. Oxford: Oneworld, 2000.

RAMADAN, Tariq. *To be a European Muslim*: a study of Islamic sources in the European context. Leicester: The Islamic Foundation, 2002.

_____. *Western Muslims and the future of Islam*. New York: Oxford University Press, 2004.

_____. El papel de las religiones ante los problemas sociales y políticos: respuesta al professor Hans Küng. In: TAMAYO, J. J.; FORNET-BETANCOURT, R. (Orgs.). Interculturalidad, diálogo interreligioso y liberación. In: SIMPOSIO INTERNACIONAL DE TEOLOGÍA INTERCULTURAL E INTERRELIGIOSA DE LA LIBERACIÓN, 1., Barcelona, 11-12 de julho de 2004. Navarra: Editorial Verbo Divino, 2005a. p. 31-40.

_____. "Les Musulmans et la laïcité." *1905-2005*: les enjeux de la laïcité. Paris: L'Harmattan, 2005b.

RATZINGER, Joseph. *A Igreja e a Nova Europa*. Lisboa: Ed. Verbo, 1993.

_____. *Fé – Verdade – Tolerância. O cristianismo e as grandes religiões do mundo*. Lisboa: Universidade Católica Editora, 2007.

RAZACK, Sherene H. Imperilled Muslim women, dangerous Muslim men and civilised Europeans: legal and social responses to forced marriages. *Feminist Legal Studies*, n. 12, p. 129-74, 2004.

_____. The "Sharia Law Debate" in Ontario: the modernity/premodernity distinction in legal efforts to protect women from culture. *Feminist Legal Studies*, n. 15, p. 3-32, 2007.

RESS, Mary Judith. *Ecofeminism in Latin America*. New York: Maryknoll Books, 2006.

ROBSON, Laura C. Palestinian liberation theology, Muslim-Christian relations and the Arab-Israeli conflict. *Islam and Christian-Muslim Relations*, v. 21, n. 1, p. 39-50, 2010.

ROY, Olivier. *The failure of political Islam*. Cambridge: Harvard University Press, 1994.

_____. Islam in Europe: clash of religions or convergence of religiosities? *Eurozine*, 2006. Disponível em: <http://www.eurozine.com/articles/2007-05-03-roy-en.html>.

RUETHER, Rosemary Radford. Redemptive community in Christianity. *Buddhist-Christian Studies*, n. 11, p. 217-30, 1991.

_____. *Sexism and God talk*: toward a feminist theology. Boston: Beacon Press, 1993.

_____. *Women and redemption*: a theological history. Minneapolis: Augusburg Fortress Press, 2011.

RUTHVEN, Malise. *Fundamentalism*: a very short introduction. Oxford: Oxford University Press, 2007.

SAADAWI, Nawal; HETATA, Sherif. Political Islam and Democracy. In: CONFERENCE ON RELIGION AND DEMOCRACY, Mansfield College, Oxford, 10-12 September 1999. Disponível em: <http:/www.nawalsaadawi.net/articlessherif/articles/polislam.htm>.

SADOWSKY, Yahya. Political Islam: asking the wrong questions? *Annual Review of Political Science*, n. 9, p. 115-140, 2006.

SAFI, Omid. A scent from the garden of ancients: a modern Muslim's musing on the classics of Western spirituality series. *Spiritus*, n. 5, p. 107-10, 2005.

SALIME, Zadike. *Between Feminism and Islam*. Minneapolis: University of Minnesota Press, 2011.

SANTOS, Boaventura de Sousa. *Toward a new common sense*: law, science and politics in the paradigmatic transition. London: Routledge, 1995.

_____. *A crítica da razão indolente*: contra o desperdício da experiência. São Paulo: Cortez, 2000.

_____. Os processos da globalização. In: SANTOS, Boaventura de Sousa (Org.). *A globalização e as Ciências Sociais*. São Paulo: Cortez, 2001.

_____. *Toward a new legal common sense*: law, globalization, and emancipation. London: Butterworths, 2002.

_____. *Fórum Social Mundial*: manual de uso. São Paulo: Cortez, 2005.

SANTOS, Boaventura de Sousa. *The rise of the global left*: the world social forum and beyond. London: Zed Books, 2006a.

_____. *A gramática do tempo*. São Paulo: Cortez, 2006b.

_____. If God were a Human Rights activist: Human Rights and the challenge of political theologies. *Law Social Justice and Global Development*, Festschrift for Upendra Baxi, n. 1, 2009a.

_____. Para além do pensamento abissal: das linhas globais a uma ecologia de saberes. In: SANTOS, Boaventura de Sousa; MENESES, Maria Paula (Orgs.). *Epistemologias do Sul*. São Paulo: Cortez, 2009b. p. 31-83.

_____. *Refundación del Estado en América Latina*: perspectivas desde una epistemología del Sur. La Paz: Plural Editores, 2010.

_____. *Portugal. Ensaio contra a autoflagelação*. São Paulo: Cortez, 2011.

_____. *Epistemologies of the South*: Justice against Epistemicide. Boulder: Paradigm Publishers, [s.d.].

SAYYID, Salman. *A fundamental fear*: Eurocentrism and the emergence of Islamism. London/New York: Zed Books, 2003.

_____. Mirror, Mirror: Western Democrats, Oriental Despots? *Ethnicities*, v. 5, n. 1, p. 30-50, 2005.

_____; VAKIL, Abdoolkarim (Orgs.). *Thinking through Islamophobia*: global perspectives. London: C. Hurst & Co., 2010.

SCHMITT, Carl. *Politische Theologie*: Vier Kapitel Zur Lehre Von Der Souveränität. Berlin, 1922.

SCHUSTER, Ekkehard; BOSCHERT-KIMMIG, Reinhold. *Hope against hope*: Johann Baptist Metz and Elie Wiesel Speak out on the Holocaust. New York: Paulist Press, 1999.

SCOTT, Peter; CAVANAUGH, William T. (Orgs.). *The blackwell companion to political theology*. Malden: Blackwell Pub, 2004.

SHAHIDIAN, Hammed. *Women in Iran*: gender politics in the Islamic Republic. Westport and London: Greenwood Publishing, 2002.

SHAH-KAZEMI, Reza. *Paths to transcendence*: according to Shankara, Ibn Arabi, and Meister Eckhart. Bloomington: World Wisdom, 2006.

SHAIK, Sa'diyya. Knowledge, women and gender in the adith: a feminist interpretation. *Islam and Christian-Muslim Relations*, v. 15, n. 1, p. 99-108, 2004.

SHARBAF, Javad. *Towards a new liberation theology*: reflections on Palestine. Wembley: Islamic Human Rights Commission, 2008.

SHARIATI, Ali. *Marxism and other Western fallacies. An Islamic critique*. Berkeley: Mizan Press, 1980.

_____. *Where Shall we Begin? Enlightened thinkers and the revolutionary society*. Penang: Citizens International, 2002.

SKENDEROVIC, Damir. Feinbild Muslime-Islamophobie in der radikalen Rechten. In: ALTERMATT, Urs; DELGADO, Mariano; VERGAUWEN, Guido (Orgs.). *Der Islam in Europa. Zwischen Weltpolitik und Alltag*. Stuttgart: Verlag W. Kohlhammer, 2006. p. 97-105.

SMITH, Jackie. *Coalitions Across Borders*. Lanham, MD.: Rowman & Littlefield, 2005.

_____.; WIEST, Dawn. *Social moviments in the World-System*. New York: Russell Sage Foundation, 2012.

SOBRINO, Jon. *Resurrección de la verdadera Iglesia*: los pobres, lugar teológico de la eclesiologia. Santander: Editorial Sal Terrae, 1984.

_____. *Fuera de los pobres no hay salvación*: pequeños ensayos utópico-proféticos. Ellacuría Fundazion, 2007. Disponível em: <http://www.centroellacuria.org/imgx/documentacion/fuera_de_pobres_no_hay_salvacion.pdf>.

SOELLE, Dorothee. *Political theology*. Philadelphia: Fortress Press, 1974.

_____. *Essential Writings*. Maryknoll, New York: Orbis Books, 2006.

SOLOMON, Hussein (Org.). *Islam in the 21st Century*. Pretoria: Centre for International Political Studies, University of Pretoria, 2005.

SPIVAK, Gayatri Chakravorty. Resident Alien. In: GOLDBERG, David Theo; QUAYSON, Ato (Orgs.). *Relocating Postcolonialism*. Oxford: Blackwell Publishers, 2002. p. 47-65.

STRÖHER, Marga Janéte. *Teologia feminista e gênero*: territorialidades, deslocamentos e horizontes, 2009. Disponível em: <http://www.wftl. org/pdf/055.pdf>.

SUGIRTHARAJAH, R. S. *The Bible and empire*: postcolonial explorations. Cambridge: Cambridge University Press, 2005.

SUNG, Jung Mo. *Desire, market and religion (Reclaiming Liberation Theology)*. London: SCM Press, 2007.

_____. *The Subject, capitalism and religion*: horizons of hope in complex societies. New York: Palgrave MacMillan, 2011a.

_____. Religion und Ökonomie: Schnittstellen. *Concilium. Internationale Zeitschrifht für Theologie*, v. 47, n. 5, p. 482-91, 2011b.

TAMAYO, Juan José. Teologías de la liberacion. In: _____ (Org.). *Conceptos fundamentales del cristianismo*. Madrid: Editorial Trotta, 1993. p. 1363-75.

_____. *Hacia la Comunidad 4. Imágenes de Jesús*. Madrid: Editorial Trotta, 1996.

_____. *Hacia la Comunidad 1. La marginación, Lugar social de los cristianos*. Madrid: Editorial Trotta, 1999.

_____. *Hacia la Comunidad 2. Iglesia profética, Iglesia de los pobres*. Madrid: Editorial Trotta, 2003a.

_____. *Hacia la Comunidad 3. Los Sacramentos, Liturgia del prójimo*. Madrid: Editorial Trotta, 2003b.

_____. Würde und Befreiung: eine theologisch-politische Betrachtung. *Concilium. Internationale Zeitschrift für Theologie*, v. 39, n. 2, p. 189-200, 2003c.

TAMAYO, Juan José. *Hacia la Comunidad 5. Por eso lo mataron. El horizonte ético de Jesús de Nazaret*. Madrid: Editorial Trotta, 2004a.

_____. Las teologías de Abya-Yala. *Teologías de Abya-Yala y formación teológica*: Interacciones y desafíos. In: JORNADA TEOLÓGICA CETELA, 7., Bogotá, p. 85-121, 2004b.

TAMAYO, Juan José. Introdución. In: Tamayo, J. J.; Fornet-Betancourt, R. (Org.). *Interculturalidad, diálogo interreligioso y liberación*. In: SIMPOSIO INTERNACIONAL DE TEOLOGÍA INTERCULTURAL E INTERRELIGIOSA DE LA LIBERACIÓN, 1., Barcelona, 11-12 de julio de 2004. Navarra: Editorial Verbo Divino, p. 9-13, 2005.

_____. *Hacia la Comunidad 6. Dios y Jesús. El horizonte religioso de Jesús de Nazaret*. Madrid: Editorial Trotta, 2006a.

_____. Religiones y derechos humanos: una relación conflictiva. In: _____ (Org.). *Diez palabras claves sobre Derechos Humanos*. Estella: Verbo Divino, 2006b. p. 349-95.

_____. *Fundamentalismos y diálogo entre religiones*. Madrid: Trotta, 2009.

_____. *Otra teología es posible*: pluralismo religioso, interculturalidad y feminismo. Barcelona: Herder Editorial, 2011.

TAMEZ, Elsa; O'CONNELL, Michael (Orgs.). *Bible of the oppressed*. Eugene: Wipf & Stock Publishers, 2006.

TAYLOR, Charles. *A secular age*. Cambridge: Belknap Press of Harvard University Press, 2007.

TAYLOR, Mark Lewis. Spirit and Liberation. Achieving Postcolonial Theology in the United States. In: KELLER, Catherine; NAUSNER, Michael; RIVERA, Mayra (Orgs.). *Postcolonial Theologies. Divinity and Empire*. St. Louis: Chalice Press, 2004. p. 39-55.

TERRETTA, Meredith. "We Had Been Fooled into Thinking that the UN Watches over the Entire World": Human Rights, UN Trust Territories, and Africa's Decolonization. *Human Rights Quarterly*, v. 34, n. 2, p. 329-360, 2012.

THANZAUVA, K. *Transforming theology*: a theological basis for social transformation. Bangalore: Asian Trading Corp, 2002.

THEISSEN, Gerd; MERZ, Annette. *The historical Jesus*: a comprehensive guide. Minneapolis: Augsburg Fortress Publishers, 1998.

THEOCRACY WATCH. Dominionism and Dominion Theology. Disponível em: <http://www.theocracywatch.org/dominionism.htm>.

TIBI, Bassam. *Islam between culture and politics*. New York: Palgrave Macmillan, 2005.

TOHIDI, N. "Islamic Feminism": a democratic challenge or a theocratic reaction? *Kankash*: a Persian journal of history, culture, and politics, n. 13, 1997.

TOLDY, Teresa. Secularism in Europe: conceptual debates (introductory approach). In: CONFERÊNCIA MUSLIMS IN EUROPE AND THE POLITICS OF MULTICULTURALISM. Centro de Estudos Sociais, Coimbra, 15 out. 2007.

_____. "Secularist Dreams" and "Women's Rights": notes on an "Ambiguous Relationship". *RCCS Annual Review*: an online journal for the social sciences and the humanities, n. 3, p. 1-19, October 2011.

_____. Sisterhood in different voices? Religion, secularism and women rights. *Journal of the European Society of Women in Theological Research*, n. 20, p. 59-86, 2012.

UL-HAQ, Mushir. Islam in secular India. In: DONOHUE, J.; ESPOSITO, John L. (Orgs.). *Islam in transition*: Muslim perspectives. New York: Oxford University Press, p. 175-77, 1982.

UNESCO. *Human rights*: comments and interpretations. Paris, 1948. Disponível em: <http://unesdoc.unesco.org/images/0015/001550/155042eb.pdf>. Acesso em: 16 dez. 2012.

VALENTIN, Benjamin. *Mapping public theology*: beyond culture, identity, and difference. Harrisburg: Trinity Press International, 2002.

VAN ESS, Josef. *Theologie und Gesellschaft im 2. und 3. Jahrhundert Hidschra*. Berlin/New York: Walter de Gruyter, 1991-1997. 6 v.

VAN ESS, Josef. *The flowering of Muslim theology*. Cambridge: Harvard University Press, 2006.

VILLE, Susan M. St. Befreinde Entsagung: Gedanken zur feministischen Spiritualität der Gegenwart. *Concilium. Internationale Zeitchrift für Theologie*, v. 48, n. 4, p. 445-52, 2012.

VUOLA, Elina. *Limits of liberation*: feminist theology and the ethics of poverty and reproduction. London/New York: Sheffield Academic Press, 2002.

WADUD, Amina. *Qur'an and woman*: rereading the sacred text from a woman's perspective. Oxford: Oxford University Press, 1999.

WADUD, Amina. *Inside the gender Jihad*. Oxford: Oneworld Publications, 2006.

WEISBERG, D. Kelly (Org.). *Feminist legal theory*: foundations. Philadelphia: Temple University Press, 1993.

WELCH, Sharon D. *A feminist ethic of risk*. Minneapolis: Fortress Press, 2000.

WESTERLUND, David; SVANBERG, Ingvar (Orgs.). *Islam outside the Arab world*. London: Routledge Curzon, 1999.

WILFRED, Felix. *Asian dreams and Christian hope*: at the dawn of the millennium. Nova Delhi: ISPCK, 2000.

_____. *On the banks of Ganges*: doing contextual theology. Nova Delhi: ISPCK, 2002.

_____. *Dalit empowerment*. Nova Delhi: ISPCK, 2009.

YAMANI, Mai (Org.). *Feminism and Islam*: legal and literary perspectives. New York: Ithaca Press, 1996.

YOUNG, L.; EVERITT, J. *Advocacy groups*. Vancouver: University of British Columbia Press, 2004.